Das ultimative Eiscreme-Rezeptbuch für deine NINJA Creami & Creami Deluxe

Bibliografische Information der Deutschen Nationalbibliothek
Die Deutsche Nationalbibliothek verzeichnet diese Publikation in der Deutschen Nationalbibliografie, detaillierte bibliografische Daten sind im Internet über http://dnb.d-nb.de abrufbar

In diesem Buch nutzen wir manchmal geschlechtsneutrale Begriffe, um den Text flüssiger und leichter lesbar zu gestalten. Das bedeutet jedoch nicht, dass wir die Bedeutung des Geschlechts ignorieren oder herabsetzen. Wir erkennen und schätzen die Vielfalt und Einzigartigkeit jedes Einzelnen. In Fällen, in denen eine geschlechtsspezifische Differenzierung für das Verständnis wichtig ist, haben wir diese beibehalten. Bitte verstehen Sie diese vereinfachte Sprache als Teil unseres Bestrebens, das Lesen für alle so angenehm wie möglich zu gestalten. Danke, dass Sie ein Teil unserer Lese-Community sind.

1. Auflage September 2024

Haftungsausschluss
Alle Angaben in diesem Buch wurden sorgfältig recherchiert, sie erheben aber keinen Anspruch auf Vollständigkeit oder frei von Fehlern zu sein. Die aufgeführten Inhalte dienen der allgemeinen Information, insbesondere können weder Autor noch Herausgeber oder Verlag eine Haftung für Schäden oder Verluste übernehmen, die dem Leser dadurch entstehen könnten, dass er ausschließlich auf eine Information vertraut, die er diesem Buch entnimmt.

Die Wiedergabe von Gebrauchsnamen, Handelsnamen, Warenbezeichnungen usw. in diesem Werk berechtigt auch ohne Kennzeichnung nicht zu der Annahme, dass solche Namen im Sinne der Warenzeichen- und Markenschutzgesetzgebung als frei zu betrachten wären und daher von jedermann benutzt werden dürften.

Verlag: BoD • Books on Demand GmbH, In de Tarpen 42, 22848 Norderstedt
Druck: Libri Plureos GmbH, Friedensallee 273, 22763 Hamburg
ISBN: 978-3-7597-8855-9
Bildnachweis:
Cover: adobe stock
Illustrationen im Buch: adobe stock

Inhaltsverzeichnis

Wegweiser zu meinen Rezepten. Alles easy!

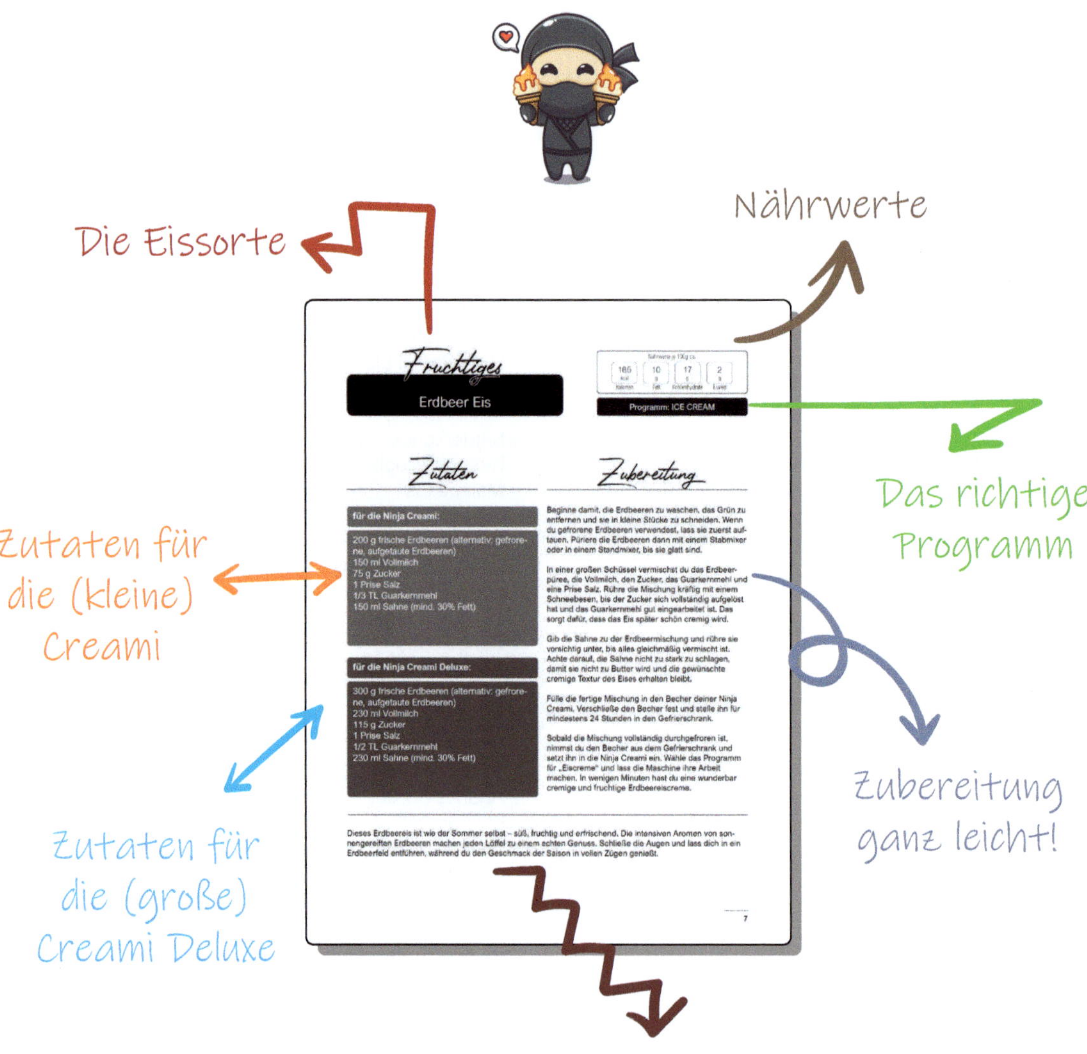

Lieber Leser, liebe Leserin,

es freut mich riesig, dass du mein Buch in den Händen hältst! Eiscremes und Sorbets sind für mich weit mehr als nur ein Dessert – sie sind pure Freude, die in jeder Kugel steckt. Mit der Ninja Creami hast du das perfekte Werkzeug, um diese Freude ganz einfach zu Hause zu erleben. Und genau dafür habe ich dieses Buch geschrieben: Um dir eine Sammlung von Rezepten an die Hand zu geben, die nicht nur köstlich sind, sondern auch unkompliziert und verlässlich funktionieren.

Eines meiner Ziele war es, dir Rezepte zu bieten, die ohne Eier und ohne Kochen auskommen – einfach, weil es schneller und unkompliziert geht und trotzdem fantastisch schmeckt. Egal, ob du Lust auf etwas Klassisches hast oder mal etwas Neues ausprobieren möchtest, du wirst hier bestimmt dein neues Lieblingseis finden. Und falls du genau wissen willst, was in deinem Eis steckt, habe ich zu jedem Rezept die Nährwerte mit aufgenommen.

Besonders wichtig ist mir, dass du dich mit diesem Buch sicher fühlst. Jedes Rezept wurde so entwickelt, dass du genau weißt, welche Mengen du für die Ninja Creami oder die Creami Deluxe benötigst und welches Programm am besten passt. So kannst du ganz entspannt loslegen und dein Eis wird garantiert ein Erfolg. Sollte doch mal etwas nicht so klappen wie gewünscht, findest du hilfreiche Tipps, die dir bei den typischen Stolpersteinen der Eisherstellung zur Seite stehen. Oder hast Du bereits gewusst, warum Ananas- und Kiwieiscremes schnell bitter schmecken? Und wie du das ganz leicht verhindern kannst?

Ich lade dich ein, in die wunderbare Welt der selbstgemachten Eiscremes und Sorbets einzutauchen. Es gibt so viele Möglichkeiten, kreativ zu werden und eigene Kreationen zu entwickeln. Ob du nun den Sommer mit frischen, fruchtigen Sorten feierst oder im Winter wärmende, würzige Aromen genießen möchtest – Eis ist zu jeder Jahreszeit ein Genuss, den du dir nicht entgehen lassen solltest.

Ich wünsche dir viel Spaß beim Ausprobieren,
Entdecken und natürlich beim Genießen!

Mit den besten Wünschen,
Deine Kathi.

Vanille Eis

Programm: ICE CREAM

Zutaten

für die Ninja Creami:

200 ml Vollmilch
75 g Zucker
2 TL Vanilleextrakt (oder das Mark einer halben Vanilleschote)
1 Prise Salz
1/3 TL Guarkernmehl
200 ml Sahne (mind. 30% Fett)

für die Ninja Creami Deluxe:

300 ml Vollmilch
115 g Zucker
3 TL Vanilleextrakt (oder das Mark einer halben Vanilleschote)
1 Prise Salz
1/2 TL Guarkernmehl
300 ml Sahne (mind. 30% Fett)

Zubereitung

In einer großen Schüssel vermischst du die Vollmilch, den Zucker, das Vanilleextrakt (oder das Mark der Vanilleschote), das Guarkernmehl und eine Prise Salz. Verwende einen Schneebesen, um alles gut zu verrühren, bis der Zucker sich vollständig aufgelöst hat. Das Guarkernmehl sorgt dafür, dass das Eis später besonders cremig und glatt wird.

Nachdem die Basis gut verrührt ist, gibst du die Sahne hinzu. Rühre sie vorsichtig unter, bis alles gleichmäßig vermischt ist. Wichtig ist, die Sahne behutsam einzuarbeiten, damit sie nicht zu Butter wird und die gewünschte cremige Textur des Eises erhalten bleibt.

Fülle die fertige Mischung in den Becher deiner Ninja Creami. Achte darauf, den Becher bis knapp unter den Rand zu füllen, damit noch etwas Platz für die Expansion des Eises während des Gefrierens bleibt. Verschließe den Becher fest und stelle ihn für mindestens 24 Stunden in den Gefrierschrank.

Nachdem die Mischung vollständig durchgefroren ist, nimmst du den Becher aus dem Gefrierschrank und setzt ihn in die Ninja Creami ein. Wähle das Programm für „Eiscreme" und lass die Maschine ihre Arbeit machen. In wenigen Minuten hast du eine herrlich cremige Vanilleeiscreme.

Genieße den puren, cremigen Geschmack von selbstgemachtem Vanilleeis. Die feine Vanillenote in Kombination mit der samtigen Textur ist ein Klassiker, der nie aus der Mode kommt. Perfekt für heiße Sommertage oder als Begleitung zu deinem Lieblingsdessert. Lass dich von dieser schlichten Eleganz verführen!

Erdbeer Eis

Programm: ICE CREAM

Zutaten

für die Ninja Creami:

200 g frische Erdbeeren (alternativ: gefrorene, aufgetaute Erdbeeren)
150 ml Vollmilch
75 g Zucker
1 Prise Salz
1/3 TL Guarkernmehl
150 ml Sahne (mind. 30% Fett)

für die Ninja Creami Deluxe:

300 g frische Erdbeeren (alternativ: gefrorene, aufgetaute Erdbeeren)
230 ml Vollmilch
115 g Zucker
1 Prise Salz
1/2 TL Guarkernmehl
230 ml Sahne (mind. 30% Fett)

Zubereitung

Beginne damit, die Erdbeeren zu waschen, das Grün zu entfernen und sie in kleine Stücke zu schneiden. Wenn du gefrorene Erdbeeren verwendest, lass sie zuerst auftauen. Püriere die Erdbeeren dann mit einem Stabmixer oder in einem Standmixer, bis sie glatt sind.

In einer großen Schüssel vermischst du das Erdbeerpüree, die Vollmilch, den Zucker, das Guarkernmehl und eine Prise Salz. Rühre die Mischung kräftig mit einem Schneebesen, bis der Zucker sich vollständig aufgelöst hat und das Guarkernmehl gut eingearbeitet ist. Das sorgt dafür, dass das Eis später schön cremig wird.

Gib die Sahne zu der Erdbeermischung und rühre sie vorsichtig unter, bis alles gleichmäßig vermischt ist. Achte darauf, die Sahne nicht zu stark zu schlagen, damit sie nicht zu Butter wird und die gewünschte cremige Textur des Eises erhalten bleibt.

Fülle die fertige Mischung in den Becher deiner Ninja Creami. Verschließe den Becher fest und stelle ihn für mindestens 24 Stunden in den Gefrierschrank.

Sobald die Mischung vollständig durchgefroren ist, nimmst du den Becher aus dem Gefrierschrank und setzt ihn in die Ninja Creami ein. Wähle das Programm für „Eiscreme" und lass die Maschine ihre Arbeit machen. In wenigen Minuten hast du eine wunderbar cremige und fruchtige Erdbeereiscreme.

Dieses Erdbeereis ist wie der Sommer selbst – süß, fruchtig und erfrischend. Die intensiven Aromen von sonnengereiften Erdbeeren machen jeden Löffel zu einem echten Genuss. Schließe die Augen und lass dich in ein Erdbeerfeld entführen, während du den Geschmack der Saison in vollen Zügen genießt.

Haselnuss Eis

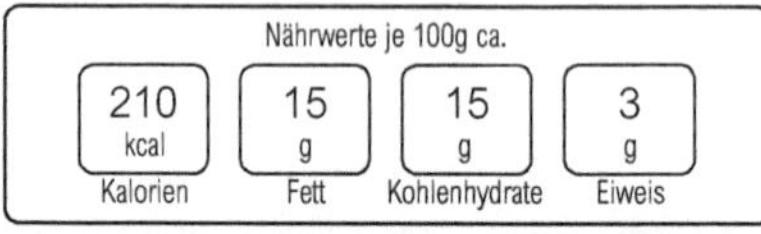

Programm: ICE CREAM

Zutaten

für die Ninja Creami:

100 g Haselnüsse, geröstet und fein gemahlen oder Haselnussmus
150 ml Vollmilch
75 g Zucker
1/3 TL Guarkernmehl
1 Prise Salz
200 ml Sahne (mind. 30% Fett)

für die Ninja Creami Deluxe:

150 g Haselnüsse, geröstet und fein gemahlen oder Haselnussmus
230 ml Vollmilch
115 g Zucker
1/2 TL Guarkernmehl
1 Prise Salz
300 ml Sahne (mind. 30% Fett)

Zubereitung

Zuerst musst du die Haselnüsse rösten, um ihren Geschmack zu intensivieren. Heize dazu den Ofen auf 180 °C vor, verteile die Haselnüsse auf einem Backblech und röste sie etwa 10 Minuten lang, bis sie duften und eine leicht goldbraune Farbe annehmen. Nach dem Rösten lässt du sie kurz abkühlen und rubbelst dann die Schalen ab. Anschließend mahlst du die Nüsse fein in einem Mixer oder einer Küchenmaschine.

Gib die gemahlenen Haselnüsse, die Vollmilch, den Zucker, das Guarkernmehl und eine Prise Salz in eine große Schüssel. Verwende einen Schneebesen, um alles gut zu vermischen, bis der Zucker vollständig aufgelöst ist und das Guarkernmehl gut verteilt ist. Die gemahlenen Haselnüsse geben dem Eis nicht nur den Geschmack, sondern auch eine schöne Textur.

Gib nun die Sahne hinzu und rühre sie vorsichtig unter, bis alles gut vermengt ist.

Fülle die fertige Mischung in den Becher deiner Ninja Creami. Verschließe den Becher gut und stelle ihn für mindestens 24 Stunden in den Gefrierschrank, damit die Mischung vollständig durchfrieren kann.

Wenn die Mischung gut durchgefroren ist, nimmst du den Becher aus dem Gefrierschrank, setzt ihn in die Ninja Creami ein und wählst das Programm für „Eiscreme". Lass die Maschine ihre Arbeit tun – fertig!

Ein Bissen dieses Haselnusseises, und du wirst in die Welt der nussigen Aromen eintauchen. Die feine Röstaroma der Haselnüsse kombiniert mit der cremigen Eisgrundlage macht dieses Eis zu einem besonderen Genussmoment, den du dir nicht entgehen lassen solltest.

Walnuss Eis

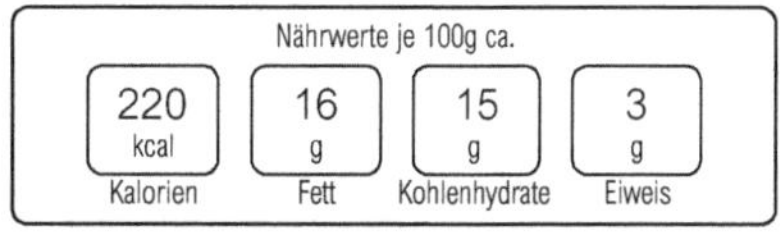

Programm: ICE CREAM

Zutaten

für die Ninja Creami:

100 g Walnüsse, geröstet und fein gehackt
150 ml Vollmilch
75 g brauner Zucker (für einen tieferen Karamellgeschmack)
1/3 TL Guarkernmehl
1 Prise Salz
200 ml Sahne (mind. 30% Fett)

für die Ninja Creami Deluxe:

150 g Walnüsse, geröstet und fein gehackt
230 ml Vollmilch
115 g brauner Zucker (für einen tieferen Karamellgeschmack)
1/2 TL Guarkernmehl
1 Prise Salz
300 ml Sahne (mind. 30% Fett)

Zubereitung

Röste die Walnüsse, um ihren vollen Geschmack zu entfalten. Heize dafür den Ofen auf 180 °C vor, verteile die Walnüsse auf einem Backblech und röste sie etwa 8-10 Minuten lang, bis sie duften und leicht gebräunt sind. Lass sie danach kurz abkühlen und hacke sie fein.

In einer großen Schüssel vermischst du die gehackten Walnüsse, die Vollmilch, den braunen Zucker, das Guarkernmehl und eine Prise Salz. Rühre die Mischung kräftig mit einem Schneebesen, bis der Zucker sich vollständig aufgelöst hat und das Guarkernmehl gut eingearbeitet ist. Der braune Zucker verleiht dem Eis einen leicht karamelligen Geschmack, der wunderbar zu den Walnüssen passt.

Gib nun die Sahne hinzu und rühre sie vorsichtig unter, bis alles gut vermengt ist. Achte darauf, die Sahne behutsam einzuarbeiten, damit sie nicht zu Butter wird – so bleibt das Eis schön cremig.

Fülle die fertige Mischung in den Becher deiner Ninja Creami. Verschließe den Becher gut und stelle ihn für mindestens 24 Stunden in den Gefrierschrank, damit die Mischung vollständig durchfrieren kann.

Wenn die Mischung gut durchgefroren ist, nimmst du den Becher aus dem Gefrierschrank, setzt ihn in die Ninja Creami ein und wählst das Programm für „Eiscreme".

Walnusseis – das ist cremiger Genuss mit einer Prise Raffinesse. Die leicht bittere Note der Walnüsse harmoniert perfekt mit der süßen Eiscreme, was dieses Rezept zu einem besonderen Erlebnis für alle Sinne macht. Perfekt für alle, die es gerne etwas außergewöhnlicher mögen!

Bananen Eis

Zutaten

für die Ninja Creami:

2 reife Bananen (ca. 200 g)
150 ml Vollmilch
60 g Zucker
1/3 TL Guarkernmehl
1 Prise Salz
200 ml Sahne (mind. 30% Fett)

für die Ninja Creami Deluxe:

3 reife Bananen (ca. 200 g)
230 ml Vollmilch
90 g Zucker
1/2 TL Guarkernmehl
1 Prise Salz
300 ml Sahne (mind. 30% Fett)

Zubereitung

Schäle die Bananen und schneide sie in kleine Stücke. Gib die Bananenstücke in eine Schüssel und püriere sie mit einem Stabmixer oder einer Gabel, bis sie glatt sind.

In einer großen Schüssel vermischst du das Bananenpüree, die Vollmilch, den Zucker, das Guarkernmehl und eine Prise Salz. Rühre alles kräftig mit einem Schneebesen, bis der Zucker sich vollständig aufgelöst hat und das Guarkernmehl gut eingearbeitet ist.

Gib nun die Sahne hinzu und rühre sie vorsichtig unter, bis alles gut vermengt ist. Achte darauf, die Sahne behutsam einzuarbeiten, damit sie nicht zu Butter wird und die gewünschte cremige Konsistenz des Eises erhalten bleibt.

Fülle die fertige Mischung in den Becher deiner Ninja Creami. Verschließe den Becher gut und stelle ihn für mindestens 24 Stunden in den Gefrierschrank, damit die Mischung vollständig durchfrieren kann.

Sobald die Mischung gut durchgefroren ist, nimmst du den Becher aus dem Gefrierschrank, setzt ihn in die Ninja Creami ein und wählst das Programm für „Eiscreme". Lass die Maschine ihre Arbeit tun – in wenigen Minuten hast du eine wunderbar cremige Bananen-Eiscreme.

Cremiges Bananeis, das durch seine natürliche Süße und den fruchtigen Geschmack überzeugt. Perfekt für alle, die es einfach und doch besonders mögen. Diese Eiscreme ist wie ein Ausflug in die Tropen – genieße den vollmundigen Geschmack reifer Bananen in jeder Kugel!

Brombeeren Eis

Programm: ICE CREAM

Zutaten

für die Ninja Creami:

200 g frische oder gefrorene Brombeeren
150 ml Vollmilch
70 g Zucker
1/3 TL Guarkernmehl
1 Prise Salz
150 ml Sahne (mind. 30% Fett)

für die Ninja Creami Deluxe:

300 g frische oder gefrorene Brombeeren
230 ml Vollmilch
105 g Zucker
1/2 TL Guarkernmehl
1 Prise Salz
230 ml Sahne (mind. 30% Fett)

Zubereitung

Wenn du frische Brombeeren verwendest, wasche sie gründlich und lasse sie abtropfen. Bei gefrorenen Brombeeren lasse sie vorher auftauen. Püriere die Brombeeren in einem Mixer oder mit einem Stabmixer, bis sie glatt sind. Du kannst das Püree durch ein feines Sieb streichen, um die Kerne zu entfernen, falls du eine besonders glatte Textur bevorzugst.

In einer großen Schüssel vermischst du das Brombeerpüree, die Vollmilch, den Zucker, das Guarkernmehl und eine Prise Salz. Rühre alles kräftig mit einem Schneebesen, bis der Zucker sich vollständig aufgelöst hat und das Guarkernmehl gut eingearbeitet ist.

Gib die Sahne hinzu und rühre sie vorsichtig unter, bis alles gut vermengt ist. Achte darauf, die Sahne behutsam einzuarbeiten, damit sie nicht zu Butter wird und das Eis schön cremig bleibt.

Einfrieren: Fülle die fertige Mischung in den Becher deiner Ninja Creami. Verschließe den Becher gut und stelle ihn für mindestens 24 Stunden in den Gefrierschrank, damit die Mischung vollständig durchfrieren kann.

Eiszubereitung mit der Ninja Creami: Sobald die Mischung gut durchgefroren ist, nimmst du den Becher aus dem Gefrierschrank, setzt ihn in die Ninja Creami ein und wählst das Programm für „Eiscreme".

Brombeereis ist wie eine süße Sommererinnerung – saftig, fruchtig und einfach unwiderstehlich. Die tiefrote Farbe und der intensive Geschmack reifer Brombeeren machen dieses Eis zu einem Highlight, das nicht nur die Augen, sondern auch den Gaumen verführt.

Heidelbeer Eis

Programm: ICE CREAM

Zutaten

Zubereitung

für die Ninja Creami:

200 g frische oder gefrorene Heidelbeeren
150 ml Vollmilch
70 g Zucker
1/3 TL Guarkernmehl
1 Prise Salz
150 ml Sahne (mind. 30% Fett)

für die Ninja Creami Deluxe:

300 g frische oder gefrorene Heidelbeeren
230 ml Vollmilch
105 g Zucker
1/2 TL Guarkernmehl
1 Prise Salz
230 ml Sahne (mind. 30% Fett)

Falls du frische Heidelbeeren verwendest, wasche sie gründlich und lasse sie gut abtropfen. Bei gefrorenen Beeren lasse sie erst vollständig auftauen. Püriere die Heidelbeeren mit einem Mixer oder Stabmixer, bis sie eine glatte Konsistenz haben. Wenn du ein besonders feines Eis möchtest, kannst du das Püree durch ein Sieb streichen, um die kleinen Kerne zu entfernen.

ermische das Heidelbeerpüree, die Vollmilch, den Zucker, das Guarkernmehl und eine Prise Salz in einer großen Schüssel. Rühre die Mischung gut durch, bis der Zucker sich vollständig aufgelöst hat und das Guarkernmehl gleichmäßig verteilt ist.

Gib die Sahne dazu und rühre sie sanft unter, bis sich alles gut vermischt hat. Achte darauf, die Sahne vorsichtig zu integrieren, damit sie nicht zu fest wird und das Eis eine schön weiche Textur behält.

Fülle die fertige Mischung in den Becher deiner Ninja Creami und schließe den Deckel fest. Stelle den Becher dann für mindestens 24 Stunden in den Gefrierschrank, damit die Masse gut durchfriert.

Sobald die Mischung vollständig durchgefroren ist, setze den Becher in die Ninja Creami ein und wähle das Programm für „Eiscreme". Lass die Maschine ihre Arbeit tun und genieße die Verwandlung der gefrorenen Mischung in ein herrlich cremiges Heidelbeer-Eis.

Dieses Heidelbeereis bringt die Frische des Waldes direkt auf deinen Löffel. Der fruchtige Geschmack der Heidelbeeren vereint sich mit einer zarten Cremigkeit zu einem Eis, das dich mit jedem Bissen ein Stückchen Natur genießen lässt. Ideal für warme Sommertage!

Joghurt Eis

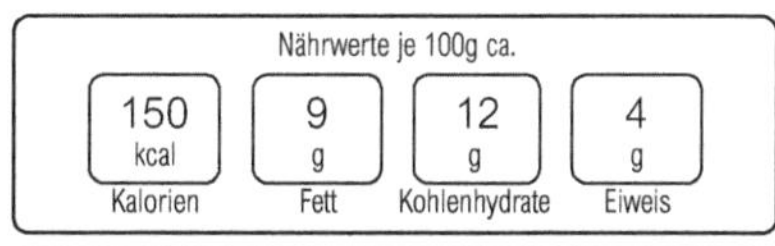

Programm: ICE CREAM

Zutaten

für die Ninja Creami:

300 g griechischer Joghurt (mind. 10% Fett)
100 ml Vollmilch
70 g Zucker
1/3 TL Guarkernmehl
1 Prise Salz
100 ml Sahne (mind. 30% Fett)

für die Ninja Creami Deluxe:

450 g griechischer Joghurt (mind. 10% Fett)
150 ml Vollmilch
105 g Zucker
1/2 TL Guarkernmehl
1 Prise Salz
150 ml Sahne (mind. 30% Fett)

Zubereitung

Gib den griechischen Joghurt, die Vollmilch, den Zucker, das Guarkernmehl und eine Prise Salz in eine große Schüssel. Rühre die Mischung kräftig durch, bis der Zucker vollständig aufgelöst ist und das Guarkernmehl sich gleichmäßig verteilt hat.

Jetzt fügst du die Sahne hinzu und hebst sie sanft unter die Joghurt-Mischung, bis sich alles gut verbunden hat. Achte darauf, die Sahne nicht zu stark zu rühren, damit die Mischung luftig und cremig bleibt.

Fülle die fertige Mischung in den Becher deiner Ninja Creami und verschließe ihn fest. Stelle den Becher für mindestens 24 Stunden in den Gefrierschrank, damit das Eis gut durchfriert.

Wenn die Mischung vollständig durchgefroren ist, setze den Becher in die Ninja Creami ein und wähle das Programm für „Eiscreme". Lass die Maschine die gefrorene Mischung in eine herrlich cremige Joghurt-Eiscreme verwandeln.

Dieses Joghurt-Eis ist eine wunderbare Mischung aus cremiger Frische und leichtem Genuss. Der griechische Joghurt sorgt für eine angenehme Säure, die perfekt mit der Süße des Zuckers harmoniert, während die Sahne eine extra Portion Cremigkeit beisteuert. Ob als leichter Snack zwischendurch oder als erfrischendes Dessert nach dem Essen – dieses Joghurt-Eis wird dich begeistern und deine Gäste beeindrucken. Mit der Ninja Creami gelingt es dir im Handumdrehen!

Himbeer Eis

Programm: ICE CREAM

Zutaten

für die Ninja Creami:

200 g frische oder gefrorene Himbeeren
150 ml Vollmilch
70 g Zucker
1/3 TL Guarkernmehl
1 Prise Salz
150 ml Sahne (mind. 30% Fett)

für die Ninja Creami Deluxe:

300 g frische oder gefrorene Himbeeren
230 ml Vollmilch
105 g Zucker
1/2 TL Guarkernmehl
1 Prise Salz
230 ml Sahne (mind. 30% Fett)

Zubereitung

Wenn du frische Himbeeren verwendest, wasche sie vorsichtig und lasse sie abtropfen. Gefrorene Himbeeren sollten vor der Verarbeitung aufgetaut werden. Püriere die Himbeeren mit einem Mixer oder Stabmixer, bis sie eine glatte Konsistenz haben. Du kannst das Püree durch ein feines Sieb streichen, um die kleinen Kerne zu entfernen, falls du eine besonders feine Textur bevorzugst.

In einer großen Schüssel vermischst du das Himbeerpüree, die Vollmilch, den Zucker, das Guarkernmehl und eine Prise Salz. Rühre die Mischung gut durch, bis sich der Zucker vollständig aufgelöst hat und das Guarkernmehl gleichmäßig verteilt ist.

Füge die Sahne hinzu und rühre sie vorsichtig unter, bis sich alles gut verbunden hat. Achte darauf, die Sahne sanft zu integrieren, um eine luftige und cremige Konsistenz zu bewahren.

Gib die fertige Mischung in den Becher deiner Ninja Creami und schließe ihn sicher. Friere den Becher für mindestens 24 Stunden ein, damit die Mischung vollständig durchfriert.

Sobald die Mischung gut durchgefroren ist, setze den Becher in die Ninja Creami ein und wähle das Programm für „Eiscreme".

Fruchtig, erfrischend und unwiderstehlich – das Himbeereis ist ein echter Klassiker, der nie enttäuscht. Mit seiner leuchtenden Farbe und dem süß-säuerlichen Geschmack bringt es gute Laune in jede Eisschale. Einfach genießen und in den Geschmack des Sommers eintauchen!

Haselnuss-Jughurt Eis

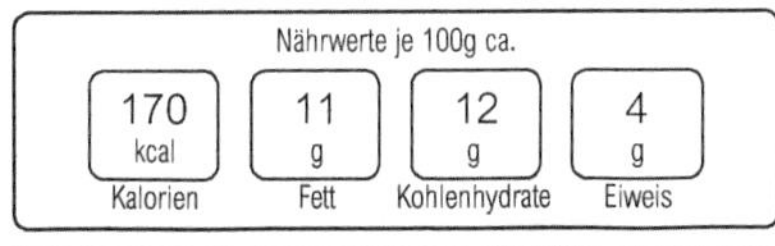

170 kcal	11 g	12 g	4 g
Kalorien	Fett	Kohlenhydrate	Eiweis

Programm: ICE CREAM

Zutaten

für die Ninja Creami:

80 g Haselnüsse, geröstet und fein gehackt
200 g griechischer Joghurt (mind. 10% Fett)
100 ml Vollmilch
60 g Zucker
1/3 TL Guarkernmehl
1 Prise Salz
100 ml Sahne (mind. 30% Fett)

für die Ninja Creami Deluxe:

120 g Haselnüsse, geröstet und fein gehackt
300 g griechischer Joghurt (mind. 10% Fett)
150 ml Vollmilch
90 g Zucker
1/2 TL Guarkernmehl
1 Prise Salz
150 ml Sahne (mind. 30% Fett)

Zubereitung

Röste die Haselnüsse in einer Pfanne oder im Ofen, bis sie goldbraun und duftend sind. Lass sie abkühlen und hacke sie anschließend fein. Ein Teil kann gerne etwas gröber bleiben, um dem Eis eine spannende Textur zu verleihen.

Vermische in einer großen Schüssel den griechischen Joghurt, die Hasenussmasse, die Vollmilch, den Zucker, das Guarkernmehl und eine Prise Salz. Rühre die Mischung kräftig durch, bis der Zucker sich aufgelöst hat und das Guarkernmehl sich gleichmäßig verteilt hat.

Füge nun die Sahne hinzu und rühre sie behutsam unter, bis alles gut verbunden ist. Achte darauf, die Sahne sanft einzuarbeiten, damit das Eis seine leichte und cremige Konsistenz behält.

Fülle die Mischung in den Becher deiner Ninja Creami. Schließe den Becher gut und stelle ihn in den Gefrierschrank, damit die Mischung für mindestens 24 Stunden vollständig durchfriert.

Nachdem die Mischung gut durchgefroren ist, setze den Becher in die Ninja Creami ein und wähle das Programm für „Eiscreme". Die Maschine verwandelt die gefrorene Basis in eine herrlich cremige Eiscreme mit feinen Haselnussstückchen.

Haselnuss trifft auf die leichte Frische von Joghurt – ein perfektes Zusammenspiel, das diese Eiskreation so besonders macht. Der nussige Geschmack wird durch die feine Säure des Joghurts perfekt ergänzt. Gönn dir diesen Genussmoment, der Leichtigkeit und Geschmack vereint!

Johannisbeer Eis

Zutaten

für die Ninja Creami:

200 g frische oder gefrorene Johannisbeeren (rote oder schwarze, je nach Geschmack)
150 ml Vollmilch
70 g Zucker
1/3 TL Guarkernmehl
1 Prise Salz
150 ml Sahne (mind. 30% Fett)

für die Ninja Creami Deluxe:

300 g frische oder gefrorene Johannisbeeren (rote oder schwarze, je nach Geschmack)
230 ml Vollmilch
105 g Zucker
1/2 TL Guarkernmehl
1 Prise Salz
230 ml Sahne (mind. 30% Fett)

Zubereitung

Wenn du frische Johannisbeeren verwendest, wasche sie gründlich und lasse sie abtropfen. Bei gefrorenen Beeren solltest du sie vollständig auftauen lassen. Püriere die Johannisbeeren in einem Mixer oder mit einem Stabmixer, bis sie eine glatte Konsistenz haben. Um eine besonders feine Textur zu erhalten, kannst du das Püree durch ein feines Sieb streichen, um die kleinen Kerne zu entfernen.

In einer großen Schüssel vermischst du das Johannisbeerpüree, die Vollmilch, den Zucker, das Guarkernmehl und eine Prise Salz. Rühre die Mischung gut durch, bis sich der Zucker vollständig aufgelöst hat und das Guarkernmehl gleichmäßig verteilt ist.

Jetzt kommt die Sahne hinzu. Rühre sie vorsichtig unter, bis sich alles gut verbunden hat. Sei dabei behutsam, damit die Sahne nicht zu stark geschlagen wird, damit die cremige Konsistenz des Eises erhalten bleibt.

Fülle die fertige Mischung in den Becher deiner Ninja Creami und verschließe ihn gut. Stelle den Becher für mindestens 24 Stunden in den Gefrierschrank, damit die Mischung vollständig durchfrieren kann.

Nach dem vollständigen Durchfrieren setze den Becher in die Ninja Creami ein und wähle das Programm für „Eiscreme".

Sauer macht lustig – und dieses Johannisbeereis bringt dich garantiert zum Lächeln! Die spritzige Säure der Johannisbeeren, eingebettet in eine cremige Eisgrundlage, macht dieses Eis zu einem aufregenden Geschmackserlebnis. Ideal für alle, die es fruchtig und frisch lieben.

Karamell Eis

Nährwerte je 100g ca.			
210 kcal	12 g	23 g	22 g
Kalorien	Fett	Kohlenhydrate	Eiweis

Programm: ICE CREAM

Zutaten

für die Ninja Creami:

150 g Karamellsoße (selbstgemacht oder fertig gekauft)
150 ml Vollmilch
60 g Zucker
1/3 TL Guarkernmehl
1 Prise Salz
150 ml Sahne (mind. 30% Fett)

für die Ninja Creami Deluxe:

230 g Karamellsoße (selbstgemacht oder fertig gekauft)
230 ml Vollmilch
90 g Zucker
1/2 TL Guarkernmehl
1 Prise Salz
230 ml Sahne (mind. 30% Fett)

Zubereitung

Falls du Karamellsoße selbst machen möchtest, erhitze Zucker in einem Topf, bis er geschmolzen und goldbraun ist. Gib vorsichtig etwas Sahne hinzu und rühre gut um, bis sich alles verbunden hat. Lass die Soße abkühlen. Fertige Karamellsoße kann direkt verwendet werden.

In einer großen Schüssel vermischst du die Karamellsoße, die Vollmilch, den Zucker, das Guarkernmehl und eine Prise Salz. Rühre die Mischung gut durch, bis der Zucker sich vollständig aufgelöst hat und das Guarkernmehl gleichmäßig verteilt ist.

Gib nun die Sahne hinzu und rühre sie vorsichtig unter die Karamell-Mischung. Achte darauf, dass die Sahne sich gut mit der restlichen Masse verbindet, ohne zu stark gerührt zu werden, um eine schöne cremige Konsistenz zu bewahren.

Fülle die fertige Mischung in den Becher deiner Ninja Creami und verschließe ihn sicher. Stelle den Becher dann für mindestens 24 Stunden in den Gefrierschrank, damit die Mischung vollständig durchfrieren kann.

Sobald die Mischung gut durchgefroren ist, setze den Becher in die Ninja Creami ein und wähle das Programm für „Eiscreme". Lass die Maschine die gefrorene Masse in eine reichhaltige und cremige Karamell-Eiscreme verwandeln.

Dieses Karamelleis ist eine Verführung aus cremiger Süße und verführerischem Butterkaramell. Jeder Löffel zergeht auf der Zunge und hinterlässt einen Hauch von Karamell, der lange nachwirkt. Perfekt für alle Naschkatzen und Liebhaber des Süßen!

Kirsch-Bananen Eis

Nährwerte je 100g ca.			
170 kcal Kalorien	10 g Fett	17 g Kohlenhydrate	2 g Eiweis

Programm: ICE CREAM

Zutaten

für die Ninja Creami:

150 g Kirschen (frisch oder gefroren, entsteint)
1 reife Banane (ca. 100 g)
100 ml Vollmilch
60 g Zucker
1/3 TL Guarkernmehl
1 Prise Salz
150 ml Sahne (mind. 30% Fett)

für die Ninja Creami Deluxe:

230 g Kirschen (frisch oder gefroren, entsteint)
1,5 reife Bananen (ca. 150 g)
150 ml Vollmilch
90 g Zucker
1/2 TL Guarkernmehl
1 Prise Salz
230 ml Sahne (mind. 30% Fett)

Zubereitung

Wenn du frische Kirschen verwendest, wasche sie, entsteine sie und lasse sie abtropfen. Gefrorene Kirschen solltest du vorher auftauen. Die Banane schälen und in Stücke schneiden. Püriere Kirschen und Banane zusammen in einem Mixer oder mit einem Stabmixer, bis die Mischung glatt und gleichmäßig ist.

Vermische das Kirsch-Bananen-Püree mit der Vollmilch, dem Zucker, dem Guarkernmehl und einer Prise Salz in einer großen Schüssel. Rühre alles gut durch, bis der Zucker sich vollständig aufgelöst hat und das Guarkernmehl gleichmäßig in der Masse verteilt ist.

Gib die Sahne hinzu und rühre sie behutsam unter die Mischung, bis alles gut miteinander vermischt ist. Achte darauf, die Sahne vorsichtig einzuarbeiten, um die Luftigkeit und Cremigkeit der Eismasse zu erhalten.

Fülle die fertige Mischung in den Becher deiner Ninja Creami und verschließe ihn sicher. Stelle den Becher für mindestens 24 Stunden in den Gefrierschrank, damit die Mischung vollständig durchfrieren kann.

Nachdem die Mischung vollständig durchgefroren ist, setze den Becher in die Ninja Creami ein und wähle das Programm für „Eiscreme". Lass die Maschine die gefrorene Masse in eine wunderbar cremige Kirsch-Bananen-Eiscreme verwandeln.

Fruchtig trifft auf cremig – Kirsch und Banane sind ein Dreamteam, das sich in dieser Eiskreation perfekt ergänzt. Die saftigen Kirschen und die süße Banane machen dieses Eis zu einem tropischen Genuss, der dich auf eine kulinarische Reise entführt.

Himbeeren-Joghurt Eis

Nährwerte je 100g ca.			
150 kcal	9 g	12 g	4 g
Kalorien	Fett	Kohlenhydrate	Eiweis

Programm: ICE CREAM

Zutaten

für die Ninja Creami:

150 g frische oder gefrorene Himbeeren
200 g griechischer Joghurt (mind. 10% Fett)
100 ml Vollmilch
60 g Zucker
1/3 TL Guarkernmehl
1 Prise Salz
100 ml Sahne (mind. 30% Fett)

für die Ninja Creami Deluxe:

230 g frische oder gefrorene Himbeeren
300 g griechischer Joghurt (mind. 10% Fett)
150 ml Vollmilch
90 g Zucker
1/2 TL Guarkernmehl
1 Prise Salz
150 ml Sahne (mind. 30% Fett)

Zubereitung

Falls du frische Himbeeren verwendest, wasche sie vorsichtig und lasse sie gut abtropfen. Gefrorene Himbeeren sollten vor der Verarbeitung vollständig aufgetaut werden. Püriere die Himbeeren in einem Mixer oder mit einem Stabmixer, bis sie glatt sind. Du kannst das Püree durch ein Sieb streichen, um die kleinen Kerne zu entfernen, falls du eine besonders feine Textur bevorzugst.

Vermische das Himbeerpüree mit dem griechischen Joghurt, der Vollmilch, dem Zucker, dem Guarkernmehl und einer Prise Salz in einer großen Schüssel. Rühre alles gut durch, bis der Zucker sich vollständig aufgelöst hat und das Guarkernmehl gleichmäßig verteilt ist.

Füge die Sahne hinzu und rühre sie sanft unter, bis sich alles gut miteinander verbunden hat. Achte darauf, die Sahne vorsichtig einzumischen, um die luftige und cremige Konsistenz der Eismasse zu erhalten.
Fülle die fertige Mischung in den Becher deiner Ninja Creami und verschließe ihn fest. Stelle den Becher dann für mindestens 24 Stunden in den Gefrierschrank, damit die Mischung vollständig durchfrieren kann.

Nachdem die Mischung gut durchgefroren ist, setze den Becher in die Ninja Creami ein und wähle das Programm für „Eiscreme". Lass die Maschine die gefrorene Masse in eine wunderbar cremige Himbeer-Joghurt-Eiscreme verwandeln.

Leichte Frische und intensive Fruchtigkeit – das Himbeer-Joghurt-Eis vereint das Beste aus beiden Welten. Der Joghurt bringt eine angenehme Säure mit, die perfekt zu den süßen Himbeeren passt. Ideal für einen erfrischenden Genuss, der nicht zu schwer ist.

Kiwi Eis

Programm: ICE CREAM

Zutaten

für die Ninja Creami:

3 reife Kiwis (ca. 200 g)
150 ml Vollmilch
70 g Zucker
1/3 TL Guarkernmehl
1 Prise Salz
150 ml Sahne (mind. 30% Fett)

für die Ninja Creami Deluxe:

5 reife Kiwis (ca. 300 g)
230 ml Vollmilch
105 g Zucker
1/2 TL Guarkernmehl
1 Prise Salz
230 ml Sahne (mind. 30% Fett)

Zubereitung

Schäle die Kiwis und schneide sie in kleine Stücke. Püriere die Kiwistücke in einem Mixer oder mit einem Stabmixer, bis sie eine glatte Konsistenz haben. Die kleinen schwarzen Kerne der Kiwi kannst du drin lassen, sie sorgen für eine interessante Tex

In einer großen Schüssel vermischst du das Kiwipüree mit der Vollmilch, dem Zucker, dem Guarkernmehl und einer Prise Salz. Rühre die Mischung gut durch, bis sich der Zucker vollständig aufgelöst hat und das Guarkernmehl gleichmäßig verteilt ist.

Gib die Sahne hinzu und rühre sie vorsichtig unter, bis alles gut miteinander verbunden ist. Achte darauf, die Sahne sanft einzumischen, um die cremige und luftige Konsistenz des Eises zu bewahren.

Fülle die fertige Mischung in den Becher deiner Ninja Creami und verschließe ihn gut. Stelle den Becher dann für mindestens 24 Stunden in den Gefrierschrank, damit die Mischung vollständig durchfrieren kann.

Eiszubereitung mit der Ninja Creami: Nachdem die Mischung gut durchgefroren ist, setze den Becher in die Ninja Creami ein und wähle das Programm für „Eiscreme". Die Maschine wird die gefrorene Masse in eine wunderbar cremige Kiwi-Eiscreme verwandeln.

Dieses Kiwi-Eis bringt die Exotik direkt in deine Küche! Die frische Säure der Kiwi, kombiniert mit der cremigen Eisgrundlage, ergibt eine Eiskreation, die nicht nur den Gaumen, sondern auch das Auge erfreut. Ein Muss für alle, die es fruchtig und spritzig mögen.

Kokos Eis

Programm: ICE CREAM

Zutaten

Zubereitung

für die Ninja Creami:

150 ml Kokosmilch (aus der Dose, ungesüßt)
100 ml Vollmilch
60 g Zucker
1/3 TL Guarkernmehl
1 Prise Salz
150 ml Sahne (mind. 30% Fett)
20 g Kokosraspeln (optional, für extra Textur)

für die Ninja Creami Deluxe:

230 ml Kokosmilch (aus der Dose, ungesüßt)
150 ml Vollmilch
90 g Zucker
1/2 TL Guarkernmehl
1 Prise Salz
230 ml Sahne (mind. 30% Fett)
40 g Kokosraspeln (optional, für extra Textur)

In einer großen Schüssel vermischst du die Kokosmilch, die Vollmilch, den Zucker, das Guarkernmehl und eine Prise Salz. Rühre die Mischung gründlich durch, bis sich der Zucker vollständig aufgelöst hat und das Guarkernmehl gleichmäßig verteilt ist.

Gib die Sahne hinzu und rühre sie sanft unter, bis sich alles gut verbunden hat. Achte darauf, die Sahne vorsichtig einzumischen, um die cremige und luftige Konsistenz der Eismasse zu bewahren.

Kokosraspeln (optional): Falls du deinem Eis zusätzlichen Biss und einen intensiveren Kokosgeschmack verleihen möchtest, rühre die Kokosraspeln unter die Mischung.

Fülle die fertige Mischung in den Becher deiner Ninja Creami und verschließe ihn gut. Stelle den Becher dann für mindestens 24 Stunden in den Gefrierschrank, damit die Mischung vollständig durchfrieren kann.

Eiszubereitung mit der Ninja Creami: Nachdem die Mischung gut durchgefroren ist, setze den Becher in die Ninja Creami ein und wähle das Programm für „Eiscreme". Die Maschine wird die gefrorene Masse in eine cremige Kokos-Eiscreme verwandeln.

Lust auf eine kleine Flucht in die Tropen? Dieses Kokos-Eis bringt dich mit jedem Löffel dorthin! Der cremige, leicht nussige Geschmack der Kokosnuss ist ein echter Genuss, der dich sofort an einen weißen Sandstrand versetzt. Einfach zurücklehnen und genießen!

Kürbis Eis

Zutaten

für die Ninja Creami:

150 g Kürbispüree (am besten Hokkaido oder Butternut)
100 ml Vollmilch
60 g brauner Zucker (für eine tiefere Karamellnote)
1/3 TL Guarkernmehl
1 Prise Salz
1 TL Zimt
150 ml Sahne (mind. 30% Fett)

für die Ninja Creami Deluxe:

230 g Kürbispüree (am besten Hokkaido oder Butternut)
150 ml Vollmilch
90 g brauner Zucker (für eine tiefere Karamellnote)
1/2 TL Guarkernmehl
1 Prise Salz
1,5 TL Zimt
230 ml Sahne (mind. 30% Fett)

Zubereitung

Falls du kein fertiges Kürbispüree verwendest, kannst du es ganz einfach selbst herstellen. Schäle einen Kürbis (Hokkaido oder Butternut), schneide ihn in kleine Stücke und koche diese in etwas Wasser, bis sie weich sind. Dann püriere den Kürbis zu einer glatten Masse. Lass das Püree vollständig abkühlen, bevor du es weiterverarbeitest.

Vermische das Kürbispüree mit der Vollmilch, dem braunen Zucker, dem Guarkernmehl, einer Prise Salz, dem Zimt und der Muskatnuss in einer großen Schüssel. Rühre die Mischung gut durch, bis der Zucker sich vollständig aufgelöst hat und das Guarkernmehl gleichmäßig verteilt ist.

Füge die Sahne hinzu und rühre sie behutsam unter, bis sich alles gut verbunden hat. Achte darauf, die Sahne sanft einzumischen, um die cremige Konsistenz des Eises zu bewahren.

Fülle die fertige Mischung in den Becher deiner Ninja Creami und verschließe ihn sicher. Stelle den Becher für mindestens 24 Stunden in den Gefrierschrank, damit die Mischung vollständig durchfrieren kann.

Nachdem die Mischung vollständig durchgefroren ist, setze den Becher in die Ninja Creami ein und wähle das Programm für „Eiscreme".

Dieses Kürbiseis ist Herbst in seiner leckersten Form. Der sanft süße Geschmack von Kürbis, kombiniert mit einer cremigen Textur, macht dieses Eis zu einem besonderen Highlight für alle, die das Besondere suchen. Perfekt für gemütliche Abende mit einem Hauch von Kürbisgenuss!

Lakritz Eis

Programm: ICE CREAM

Zutaten

für die Ninja Creami:

60 g Lakritzsirup oder 30 g Lakritzpulver
200 ml Vollmilch
70 g Zucker
1/3 TL Guarkernmehl
1 Prise Salz
150 ml Sahne (mind. 30% Fett)

für die Ninja Creami Deluxe:

90 g Lakritzsirup oder 60 g Lakritzpulver
300 ml Vollmilch
105 g Zucker
1/2 TL Guarkernmehl
1 Prise Salz
230 ml Sahne (mind. 30% Fett)

Zubereitung

Falls du Lakritzpulver verwendest, mische es zuerst mit etwas warmer Milch, um es gut aufzulösen. In einer großen Schüssel vermischst du den Lakritzsirup oder die aufgelöste Lakritzmasse mit der restlichen Vollmilch, dem Zucker, dem Guarkernmehl und einer Prise Salz. Rühre alles gründlich durch, bis der Zucker sich vollständig aufgelöst hat und das Guarkernmehl gleichmäßig verteilt ist.

Gib die Sahne hinzu und rühre sie sanft unter, bis alles gut miteinander verbunden ist. Achte darauf, die Sahne vorsichtig einzumischen, um die luftige und cremige Konsistenz des Eises zu bewahren.

Fülle die fertige Mischung in den Becher deiner Ninja Creami und verschließe ihn gut. Stelle den Becher dann für mindestens 24 Stunden in den Gefrierschrank, damit die Mischung vollständig durchfrieren kann.

Sobald die Mischung gut durchgefroren ist, setze den Becher in die Ninja Creami ein und wähle das Programm für „Eiscreme". Die Maschine wird die gefrorene Masse in eine wunderbar cremige Lakritz-Eiscreme verwandeln.

Dieses Lakritzeis ist nichts für Unentschlossene – hier trifft kräftiger Lakritzgeschmack auf cremige Eisfreude. Ein Eis für Kenner und Liebhaber, die den intensiven Geschmack von Lakritzeis in vollen Zügen genießen möchten. Ein echtes Statement für den Gaumen!

Lebkuchen Eis

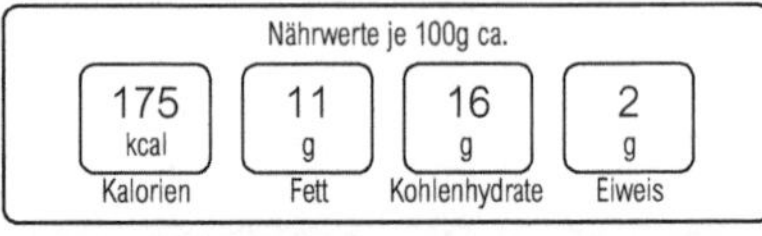

Programm: ICE CREAM

Zutaten

für die Ninja Creami:

150 ml Vollmilch
60 g brauner Zucker
1/3 TL Guarkernmehl
1 Prise Salz
1 TL Lebkuchengewürz (eine Mischung aus Zimt, Nelken, Muskat, Ingwer und Kardamom)
150 ml Sahne (mind. 30% Fett)
50 g zerbröselter Lebkuchen (optional)

für die Ninja Creami Deluxe:

230 ml Vollmilch
90 g brauner Zucker
1/2 TL Guarkernmehl
1 Prise Salz
1,5 TL Lebkuchengewürz (eine Mischung aus Zimt, Nelken, Muskat, Ingwer und Kardamom)
230 ml Sahne (mind. 30% Fett)
75 g zerbröselter Lebkuchen (optional)

Zubereitung

Gib die Vollmilch, den braunen Zucker, das Guarkernmehl, eine Prise Salz und das Lebkuchengewürz in eine große Schüssel. Rühre alles gründlich durch, bis der Zucker sich vollständig aufgelöst hat und das Guarkernmehl gleichmäßig verteilt ist. Der Duft des Lebkuchengewürzes wird dir schon einen Vorgeschmack auf das köstliche Eis geben!

Gib nun die Sahne dazu und rühre sie sanft unter die Mischung, bis sich alles gut verbunden hat. Achte darauf, dass die Sahne vorsichtig eingearbeitet wird, damit das Eis schön cremig bleibt.

Lebkuchenstückchen (optional): Wenn du dein Eis noch etwas interessanter gestalten möchtest, kannst du zerbröselte Lebkuchenstücke unter die Mischung rühren. Diese Stückchen verleihen dem Eis eine tolle Textur und verstärken den Lebkuchengeschmack.

Fülle die fertige Mischung in den Becher deiner Ninja Creami und verschließe ihn gut. Stelle den Becher für mindestens 24 Stunden in den Gefrierschrank, damit die Mischung vollständig durchfrieren kann.

Nach dem vollständigen Durchfrieren setze den Becher in die Ninja Creami ein und wähle das Programm für „Eiscreme". Die Maschine wird die gefrorene Masse in eine herrlich cremige Lebkuchen-Eiscreme verwandeln.

Weihnachten im Sommer? Mit diesem Lebkucheneis ist das kein Problem! Der würzige Geschmack von Lebkuchen, eingefangen in einer cremigen Eiscreme, lässt die Festtage das ganze Jahr über wieder aufleben. Perfekt für alle, die es würzig-süß mögen!

Limetten-Joghurt Eis

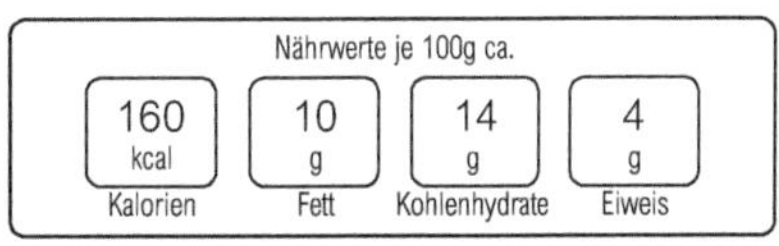

Programm: ICE CREAM

Zutaten

für die Ninja Creami:

250 g griechischer Joghurt (mind. 10% Fett)
120 ml Vollmilch
80 g Zucker
Saft und Abrieb von 2 Limetten
1/3 TL Guarkernmehl
1 Prise Salz
120 ml Sahne (mind. 30% Fett)

für die Ninja Creami Deluxe:

375 g griechischer Joghurt (mind. 10% Fett)
180 ml Vollmilch
120 g Zucker
Saft und Abrieb von 3 Limetten
1/2 TL Guarkernmehl
1 Prise Salz
180 ml Sahne (mind. 30% Fett)

Zubereitung

Wasche die Limetten gründlich, reibe die Schale fein ab und presse den Saft aus. Achte darauf, dass keine Kerne im Saft landen.

In einer großen Schüssel vermischst du den griechischen Joghurt, die Vollmilch, den Zucker, den Limettensaft und -abrieb, das Guarkernmehl und eine Prise Salz. Rühre die Mischung gründlich durch, bis der Zucker sich vollständig aufgelöst hat und das Guarkernmehl gut verteilt ist.

Füge die Sahne hinzu und rühre sie behutsam unter, bis die Mischung glatt und gut verbunden ist. Achte darauf, die Sahne vorsichtig einzumischen, um die cremige Konsistenz des Eises zu bewahren.

Fülle die fertige Mischung in den Becher deiner Ninja Creami und verschließe ihn sicher. Stelle den Becher dann für mindestens 24 Stunden in den Gefrierschrank, damit die Mischung vollständig durchfrieren kann.

Nach dem vollständigen Durchfrieren setze den Becher in die Ninja Creami ein und wähle das Programm für „Eiscreme". Die Maschine wird die gefrorene Masse in eine erfrischend cremige Limetten-Joghurt-Eiscreme verwandeln.

Erfrischend und leicht – das Limetten-Joghurt-Eis ist der perfekte Begleiter für heiße Tage. Der frische Limettengeschmack, kombiniert mit dem leichten Joghurt, macht dieses Eis zu einer köstlichen Erfrischung, die man nicht so schnell vergisst. Ideal für alle, die es spritzig und frisch mögen.

Tropisches

Mango Eis

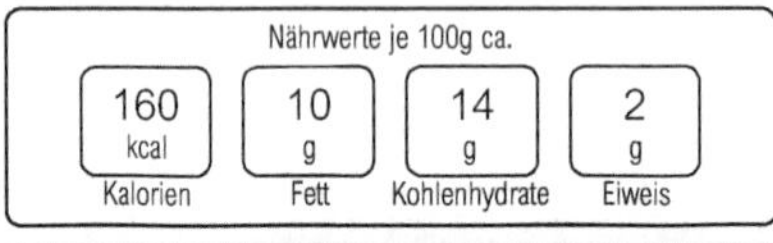

Programm: ICE CREAM

Zutaten

für die Ninja Creami:

200 g reifes Mangofruchtfleisch (ca. 1 große Mango)
120 ml Vollmilch
70 g Zucker
1/3 TL Guarkernmehl
1 Prise Salz
150 ml Sahne (mind. 30% Fett)

für die Ninja Creami Deluxe:

300 g reifes Mangofruchtfleisch (ca. 1 große Mango)
180 ml Vollmilch
105 g Zucker
1/2 TL Guarkernmehl
1 Prise Salz
230 ml Sahne (mind. 30% Fett)

Zubereitung

Schäle die Mango und schneide das Fruchtfleisch vom Kern. Püriere das Mangofruchtfleisch in einem Mixer oder mit einem Stabmixer, bis es eine glatte Konsistenz hat. Das Püree sollte möglichst fein sein, damit das Eis später eine gleichmäßige Textur hat.

In einer großen Schüssel vermischst du das Mangopüree mit der Vollmilch, dem Zucker, dem Guarkernmehl und einer Prise Salz. Rühre die Mischung gründlich durch, bis sich der Zucker vollständig aufgelöst hat und das Guarkernmehl gleichmäßig verteilt ist.

Gib die Sahne hinzu und rühre sie sanft unter, bis die Mischung glatt und gut verbunden ist. Sei dabei vorsichtig, damit die Sahne ihre Cremigkeit behält und das Eis eine schön luftige Konsistenz bekommt.

Fülle die fertige Mischung in den Becher deiner Ninja Creami und verschließe ihn sicher. Stelle den Becher dann für mindestens 24 Stunden in den Gefrierschrank, damit die Mischung vollständig durchfrieren kann.

Nachdem die Mischung gut durchgefroren ist, setze den Becher in die Ninja Creami ein und wähle das Programm für „Eiscreme". Lass die Maschine ihre Arbeit tun und das Mango-Eis in eine herrlich cremige Konsistenz verwandeln.

Dieses Mango-Eis bringt die Sonne in deine Schale! Der süße, fruchtige Geschmack von reifen Mangos, eingefangen in einer cremigen Eiscreme, ist pure Exotik. Gönn dir dieses Stückchen Tropenurlaub, wann immer du Lust darauf hast – ganz ohne Koffer packen!

Marzipan Eis

Programm: ICE CREAM

Zutaten

für die Ninja Creami:

100 g Marzipanrohmasse
120 ml Vollmilch
60 g Zucker
1/3 TL Guarkernmehl
1 Prise Salz
150 ml Sahne (mind. 30% Fett)
Optional: ein paar Tropfen Bittermandel-Aroma, um den Marzipangeschmack zu intensivieren

für die Ninja Creami Deluxe:

150 g Marzipanrohmasse
180 ml Vollmilch
90 g Zucker
1/2 TL Guarkernmehl
1 Prise Salz
230 ml Sahne (mind. 30% Fett)
Optional: ein paar Tropfen Bittermandel-Aroma, um den Marzipangeschmack zu intensivieren

Zubereitung

Schneide die Marzipanrohmasse in kleine Stücke, damit sie sich später leichter in der Mischung auflösen lässt.

In einem Mixer oder einer großen Schüssel vermischst du die Marzipanstücke mit der Vollmilch, dem Zucker, dem Guarkernmehl und einer Prise Salz. Püriere die Mischung gründlich, bis das Marzipan sich vollständig aufgelöst hat und eine glatte, homogene Masse entstanden ist. Falls du den Geschmack verstärken möchtest, füge ein paar Tropfen Bittermandel-Aroma hinzu.

Gib die Sahne hinzu und rühre sie vorsichtig unter die Marzipanmischung, bis alles gut verbunden ist. Achte darauf, die Sahne behutsam einzuarbeiten, um die cremige Konsistenz des Eises zu bewahren.

Fülle die fertige Mischung in den Becher deiner Ninja Creami und verschließe ihn sicher. Stelle den Becher für mindestens 24 Stunden in den Gefrierschrank, damit die Mischung vollständig durchfrieren kann.

Sobald die Mischung vollständig durchgefroren ist, setze den Becher in die Ninja Creami ein und wähle das Programm für „Eiscreme". Lass die Maschine die gefrorene Masse in eine wunderbar cremige Marzipan-Eiscreme verwandeln.

Marzipanliebhaber aufgepasst! Dieses Marzipaneis ist der ultimative Genuss für alle, die den nussig-süßen Geschmack von Marzipan lieben. Zart und cremig zergeht es auf der Zunge und hinterlässt einen unverwechselbaren, süßen Nachklang – ein echtes Highlight für die Sinne!

Nougat Eis

Nährwerte je 100g ca.			
220 kcal	14 g	19 g	3 g
Kalorien	Fett	Kohlenhydrate	Eiweis

Programm: ICE CREAM

Zutaten

für die Ninja Creami:

100 g Nougat (am besten weiches Haselnussnougat)
120 ml Vollmilch
60 g Zucker
1/3 TL Guarkernmehl
1 Prise Salz
150 ml Sahne (mind. 30% Fett)

für die Ninja Creami Deluxe:

150 g Nougat (am besten weiches Haselnussnougat)
180 ml Vollmilch
90 g Zucker
1/2 TL Guarkernmehl
1 Prise Salz
230 ml Sahne (mind. 30% Fett)

Zubereitung

Schneide das Nougat in kleine Stücke, damit es sich leichter in der Mischung auflöst.

In einem Mixer oder einer großen Schüssel vermischst du die Nougatstücke mit der Vollmilch, dem Zucker, dem Guarkernmehl und einer Prise Salz. Püriere die Mischung gründlich, bis das Nougat sich vollständig aufgelöst hat und eine glatte, homogene Masse entstanden ist.

Gib die Sahne hinzu und rühre sie vorsichtig unter die Nougatmischung, bis alles gut verbunden ist. Achte darauf, die Sahne sanft einzuarbeiten, damit das Eis eine schön cremige Konsistenz behält.

Fülle die fertige Mischung in den Becher deiner Ninja Creami und verschließe ihn gut. Stelle den Becher für mindestens 24 Stunden in den Gefrierschrank, damit die Mischung vollständig durchfrieren kann.

Sobald die Mischung gut durchgefroren ist, setze den Becher in die Ninja Creami ein und wähle das Programm für „Eiscreme". Die Maschine wird die gefrorene Masse in eine herrlich cremige Nougat-Eiscreme verwandeln.

Dieses Nougat-Eis ist purer Genuss. Die samtige Textur und der tief schokoladige Geschmack machen jeden Löffel zu einem Fest für die Sinne. Perfekt für alle, die Schokolade und Nüsse lieben und nach einem Eis suchen, das beide Welten perfekt vereint.

Orangen Eis

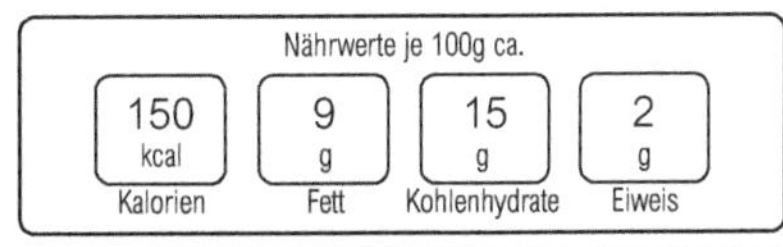

Programm: ICE CREAM

Zutaten

für die Ninja Creami:

150 ml frisch gepresster Orangensaft (ca. 2-3 Orangen)
120 ml Vollmilch
70 g Zucker
1/3 TL Guarkernmehl
1 Prise Salz
150 ml Sahne (mind. 30% Fett)
Optional: 1 TL Orangenschale, fein gerieben, für ein intensiveres Aroma

für die Ninja Creami Deluxe:

230 ml frisch gepresster Orangensaft (ca. 3-4 Orangen)
180 ml Vollmilch
105 g Zucker
1/2 TL Guarkernmehl
1 Prise Salz
230 ml Sahne (mind. 30% Fett)
Optional: 1-2 TL Orangenschale, fein gerieben, für ein intensiveres Aroma

Zubereitung

Presse die Orangen aus, um frischen Saft zu gewinnen. Wenn du möchtest, reibe die Schale einer Orange fein ab, um sie später für ein intensiveres Aroma hinzuzufügen.

In einer großen Schüssel vermischst du den frisch gepressten Orangensaft, die Vollmilch, den Zucker, das Guarkernmehl und eine Prise Salz. Wenn du Orangenschale verwenden möchtest, füge sie jetzt hinzu. Rühre die Mischung gründlich durch, bis der Zucker sich vollständig aufgelöst hat und das Guarkernmehl gleichmäßig verteilt ist.

Gib die Sahne hinzu und rühre sie sanft unter, bis die Mischung glatt und gut verbunden ist. Achte darauf, die Sahne vorsichtig einzumischen, um die cremige Konsistenz des Eises zu bewahren.

Fülle die fertige Mischung in den Becher deiner Ninja Creami und verschließe ihn sicher. Stelle den Becher dann für mindestens 24 Stunden in den Gefrierschrank, damit die Mischung vollständig durchfrieren kann.

Nachdem die Mischung gut durchgefroren ist, setze den Becher in die Ninja Creami ein und wähle das Programm für „Eiscreme". Die Maschine wird die gefrorene Masse in eine herrlich cremige Orangen-Eiscreme verwandeln.

Frisch, fruchtig und voll im Geschmack – dieses Orangen-Eis bringt die Sonne in dein Herz. Die saftige Süße der Orangen, kombiniert mit einer leichten Cremigkeit, macht dieses Eis zu einer perfekten Erfrischung für warme Tage. Einfach unwiderstehlich!

Mokka Eis

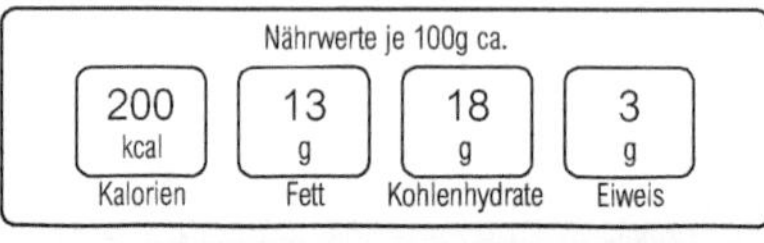

Programm: ICE CREAM

Zutaten

für die Ninja Creami:

2 EL Instant-Espressopulver oder 60 ml starker Espresso, abgekühlt
120 ml Vollmilch
70 g Zucker
1/3 TL Guarkernmehl
1 Prise Salz
100 g Zartbitterschokolade, geschmolzen und abgekühlt
150 ml Sahne (mind. 30% Fett)

für die Ninja Creami Deluxe:

3 EL Instant-Espressopulver oder 90 ml starker Espresso, abgekühlt
180 ml Vollmilch
105 g Zucker
1/2 TL Guarkernmehl
1 Prise Salz
150 g Zartbitterschokolade, geschmolzen und abgekühlt
230 ml Sahne (mind. 30% Fett)

Zubereitung

Wenn du Instant-Espressopulver verwendest, löse es in der Vollmilch auf. Falls du abgekühlten Espresso verwendest, vermische ihn direkt mit der Milch. Füge den Zucker, das Guarkernmehl und eine Prise Salz hinzu. Rühre die Mischung gründlich durch, bis der Zucker sich vollständig aufgelöst hat und das Guarkernmehl gleichmäßig verteilt ist.

Schmelze die Zartbitterschokolade (im Wasserbad oder in der Mikrowelle) und lasse sie etwas abkühlen. Gib die geschmolzene Schokolade zur Mokka-Milch-Mischung und rühre alles gut durch, bis eine glatte, gleichmäßige Masse entstanden ist.

Füge die Sahne hinzu und rühre sie vorsichtig unter, bis die Mischung glatt und gut verbunden ist. Achte darauf, die Sahne sanft einzumischen, um eine cremige Konsistenz des Eises zu erhalten.

Fülle die fertige Mischung in den Becher deiner Ninja Creami und verschließe ihn sicher. Stelle den Becher dann für mindestens 24 Stunden in den Gefrierschrank, damit die Mischung vollständig durchfrieren kann.

Nach dem vollständigen Durchfrieren setze den Becher in die Ninja Creami ein und wähle das Programm für „Eiscreme". Die Maschine wird die gefrorene Masse in eine reichhaltige und cremige Mokka-Eiscreme verwandeln.

Für alle Kaffeeliebhaber ist dieses Mokka-Eis ein absoluter Traum. Der intensive Kaffeegeschmack, kombiniert mit der zarten Süße der Eiscreme, ist wie ein erfrischender Espresso in Eisform. Perfekt für eine kleine Auszeit – wann immer du sie brauchst!

Zutaten

für die Ninja Creami:

150 g Nutella oder eine andere Nuss-Nougat-Creme
120 ml Vollmilch
60 g Zucker
1/3 TL Guarkernmehl
1 Prise Salz
150 ml Sahne (mind. 30% Fett)

für die Ninja Creami Deluxe:

230 g Nutella oder eine andere Nuss-Nougat-Creme
180 ml Vollmilch
90 g Zucker
1/2 TL Guarkernmehl
1 Prise Salz
230 ml Sahne (mind. 30% Fett)

Zubereitung

Gib die Nutella, die Vollmilch, den Zucker, das Guarkernmehl und eine Prise Salz in eine große Schüssel. Rühre die Mischung gut durch, bis die Nutella sich vollständig aufgelöst hat und die Masse glatt und gleichmäßig ist. Achte darauf, dass sich der Zucker vollständig auflöst.

Füge die Sahne hinzu und rühre sie sanft unter die Nutella-Mischung, bis alles gut verbunden ist. Achte darauf, die Sahne vorsichtig einzumischen, damit das Eis eine schön cremige Konsistenz erhält.

Fülle die fertige Mischung in den Becher deiner Ninja Creami und verschließe ihn sicher. Stelle den Becher für mindestens 24 Stunden in den Gefrierschrank, damit die Mischung vollständig durchfrieren kann.

Nachdem die Mischung gut durchgefroren ist, setze den Becher in die Ninja Creami ein und wähle das Programm für „Eiscreme". Die Maschine wird die gefrorene Masse in eine wunderbar cremige Nutella-Eiscreme verwandeln.

Nutella-Fans aufgepasst! Dieses Eis ist die perfekte Kombination aus dem beliebten Schokoladenaufstrich und einer samtigen Eisbasis. Der schokoladig-nussige Geschmack macht süchtig und bringt pure Freude in jeden Löffel. Ein absolutes Muss für alle Schleckermäuler!

Pfefferminz Eis

Programm: ICE CREAM

Zutaten

für die Ninja Creami:

200 ml Vollmilch
100 g Zucker
1/3 TL Guarkernmehl
1 Prise Salz
1 ½ TL Pfefferminzextrakt (je nach Geschmack)
200 ml Sahne (mind. 30% Fett)
Optional: ein paar Tropfen grüne Lebensmittelfarbe für die typische Farbe

für die Ninja Creami Deluxe:

300 ml Vollmilch
150 g Zucker
1/2 TL Guarkernmehl
1 Prise Salz
3 TL Pfefferminzextrakt (je nach Geschmack)
300 ml Sahne (mind. 30% Fett)
Optional: ein paar Tropfen grüne Lebensmittelfarbe für die typische Farbe

Zubereitung

Gib die Vollmilch, den Zucker, das Guarkernmehl, eine Prise Salz und das Pfefferminzextrakt in eine große Schüssel. Rühre die Mischung gründlich, bis der Zucker sich vollständig aufgelöst hat und das Guarkernmehl gleichmäßig verteilt ist. Wenn du eine grüne Farbe wünschst, füge ein paar Tropfen grüne Lebensmittelfarbe hinzu und rühre gut um.

Füge die Sahne hinzu und rühre sie sanft unter, bis die Mischung glatt und gut verbunden ist. Achte darauf, die Sahne vorsichtig einzumischen, um die cremige Konsistenz des Eises zu bewahren.

Schokoladenstückchen (optional): Falls du „Pfefferminz-Schoko-Chip"-Eis machen möchtest, rühre die Schokoladenstückchen oder -raspeln jetzt unter die Mischung.

Fülle die fertige Mischung in den Becher deiner Ninja Creami und verschließe ihn sicher. Stelle den Becher für mindestens 24 Stunden in den Gefrierschrank, damit die Mischung vollständig durchfrieren kann.

Sobald die Mischung gut durchgefroren ist, setze den Becher in die Ninja Creami ein und wähle das Programm für „Eiscreme". Die Maschine wird die gefrorene Masse in eine herrlich cremige Pfefferminz-Eiscreme verwandeln.

Frisch und belebend – dieses Pfefferminz-Eis ist wie ein kühler Windstoß an einem heißen Sommertag. Der intensive Minzgeschmack, eingefangen in einer cremigen Eiscreme, sorgt für Erfrischung pur. Perfekt für alle, die es gerne spritzig und frisch mögen!

Passionsfrucht-Joghurt Eis

Programm: ICE CREAM

Zutaten

für die Ninja Creami:

120 ml Passionsfruchtpüree (ca. 4-5 Passionsfrüchte oder fertiges Püree)
180 g griechischer Joghurt (mind. 10% Fett)
80 ml Vollmilch
70 g Zucker
1/3 TL Guarkernmehl
1 Prise Salz
120 ml Sahne (mind. 30% Fett)

für die Ninja Creami Deluxe:

180 ml Passionsfruchtpüree (ca. 4-5 Passionsfrüchte oder fertiges Püree)
240 g griechischer Joghurt (mind. 10% Fett)
120 ml Vollmilch
105 g Zucker
1/2 TL Guarkernmehl
1 Prise Salz
180 ml Sahne (mind. 30% Fett)

Zubereitung

Wenn du frische Passionsfrüchte verwendest, halbiere sie und löffle das Fruchtfleisch in ein Sieb. Drücke das Fruchtfleisch durch das Sieb, um die Kerne zu entfernen und das Püree zu gewinnen. Alternativ kannst du fertiges Passionsfruchtpüree verwenden.

In einer großen Schüssel vermischst du das Passionsfruchtpüree, den griechischen Joghurt, die Vollmilch, den Zucker, das Guarkernmehl und eine Prise Salz. Rühre die Mischung gründlich durch, bis der Zucker sich vollständig aufgelöst hat und das Guarkernmehl gleichmäßig verteilt ist.
Gib die Sahne hinzu und rühre sie vorsichtig unter die Mischung, bis alles gut verbunden ist. Achte darauf, die Sahne sanft einzuarbeiten, um die cremige Konsistenz des Eises zu bewahren.

Fülle die fertige Mischung in den Becher deiner Ninja Creami und verschließe ihn sicher. Stelle den Becher für mindestens 24 Stunden in den Gefrierschrank, damit die Mischung vollständig durchfrieren kann.

Sobald die Mischung gut durchgefroren ist, setze den Becher in die Ninja Creami ein und wähle das Programm für „Eiscreme". Die Maschine wird die gefrorene Masse in eine herrlich cremige Passionsfrucht-Joghurt-Eiscreme verwandeln.

Passionsfrucht trifft auf die Leichtigkeit von Joghurt – ein Genuss, der Sommerträume wahr werden lässt. Das süß-säuerliche Aroma der Passionsfrucht verleiht diesem Eis eine exotische Note, die Lust auf mehr macht. Gönn dir diese fruchtige Erfrischung!

Pfirsich Eis

Programm: ICE CREAM

Zutaten

für die Ninja Creami:

200 g reife Pfirsiche (ca. 2-3 Pfirsiche)
100 ml Vollmilch
70 g Zucker
1/3 TL Guarkernmehl
1 Prise Salz
120 ml Sahne (mind. 30% Fett)

für die Ninja Creami Deluxe:

300 g reife Pfirsiche (ca. 2-3 Pfirsiche)
150 ml Vollmilch
105 g Zucker
1/2 TL Guarkernmehl
1 Prise Salz
180 ml Sahne (mind. 30% Fett)

Zubereitung

Schäle die Pfirsiche, entkerne sie und schneide das Fruchtfleisch in kleine Stücke. Püriere die Pfirsichstücke in einem Mixer oder mit einem Stabmixer, bis sie eine glatte Konsistenz haben. Das Püree sollte möglichst fein sein, um eine gleichmäßige Textur im Eis zu erhalten.

In einer großen Schüssel vermischst du das Pfirsichpüree, die Vollmilch, den Zucker, das Guarkernmehl und eine Prise Salz. Rühre die Mischung gründlich durch, bis sich der Zucker vollständig aufgelöst hat und das Guarkernmehl gleichmäßig verteilt ist.

Gib die Sahne hinzu und rühre sie vorsichtig unter die Mischung, bis alles gut verbunden ist. Achte darauf, die Sahne sanft einzumischen, um die cremige Konsistenz des Eises zu bewahren.

Fülle die fertige Mischung in den Becher deiner Ninja Creami und verschließe ihn sicher. Stelle den Becher für mindestens 24 Stunden in den Gefrierschrank, damit die Mischung vollständig durchfrieren kann.

Sobald die Mischung gut durchgefroren ist, setze den Becher in die Ninja Creami ein und wähle das Programm für „Eiscreme". Die Maschine wird die gefrorene Masse in eine wunderbar cremige Pfirsich-Eiscreme verwandeln.

Pfirsich, süß und saftig – dieses Eis ist der pure Sommer im Becher. Der natürliche, vollmundige Geschmack von reifen Pfirsichen macht dieses Eis zu einem Genuss, der dich an die ersten warmen Tage erinnert. Einfach genießen und in den Geschmack des Sommers eintauchen!

Pistazien Eis

Programm: ICE CREAM

Zutaten

für die Ninja Creami:

150 g geschälte, ungesalzene Pistazienkerne
150 ml Vollmilch
80 g Zucker
1/3 TL Guarkernmehl
1 Prise Salz
200 ml Sahne (mind. 30% Fett)
Optional: 1-2 Tropfen grüne Lebensmittelfarbe für die typische Farbe

für die Ninja Creami Deluxe:

230 g geschälte, ungesalzene Pistazienkerne
230 ml Vollmilch
120 g Zucker
1/2 TL Guarkernmehl
1 Prise Salz
300 ml Sahne (mind. 30% Fett)
Optional: 2-3 Tropfen grüne Lebensmittelfarbe für die typische Farbe

Zubereitung

Wenn du keine bereits geschälten Pistazien hast, entferne die Schalen. Anschließend kannst du die Pistazien in einem Mixer oder einer Küchenmaschine fein mahlen, bis sie eine cremige Paste bilden. Dies verleiht dem Eis einen intensiven Pistaziengeschmack.

In einer großen Schüssel vermischst du die Pistazienpaste, die Vollmilch, den Zucker, das Guarkernmehl und eine Prise Salz. Rühre die Mischung gründlich durch, bis der Zucker sich vollständig aufgelöst hat und das Guarkernmehl gleichmäßig verteilt ist. Wenn du eine kräftigere grüne Farbe wünschst, kannst du jetzt die Lebensmittelfarbe hinzufügen.

Gib die Sahne hinzu und rühre sie vorsichtig unter die Pistazienmischung, bis alles gut verbunden ist. Achte darauf, die Sahne sanft einzumischen, um die cremige Konsistenz des Eises zu bewahren.

Fülle die fertige Mischung in den Becher deiner Ninja Creami und verschließe ihn sicher. Stelle den Becher für mindestens 24 Stunden in den Gefrierschrank, damit die Mischung vollständig durchfrieren kann.

Nachdem die Mischung gut durchgefroren ist, setze den Becher in die Ninja Creami ein und wähle das Programm für „Eiscreme". Die Maschine wird die gefrorene Masse in eine herrlich cremige Pistazien-Eiscreme verwandeln.

Dieses Pistazien-Eis ist ein Fest für alle Sinne. Der nussige, leicht salzige Geschmack der Pistazien, kombiniert mit der cremigen Eisgrundlage, macht dieses Eis zu einem besonderen Highlight. Perfekt für alle, die es nussig und außergewöhnlich mögen!

Pflaumen Eis

Zutaten

für die Ninja Creami:

200 g reife Pflaumen (ca. 3-4 Pflaumen)
100 ml Vollmilch
80 g Zucker
1/3 TL Guarkernmehl
1 Prise Salz
120 ml Sahne (mind. 30% Fett)

für die Ninja Creami Deluxe:

300 g reife Pflaumen (ca. 4-5 Pflaumen)
150 ml Vollmilch
120 g Zucker
1/2 TL Guarkernmehl
1 Prise Salz
180 ml Sahne (mind. 30% Fett)

Zubereitung

Wasche die Pflaumen, entsteine sie und schneide das Fruchtfleisch in kleine Stücke. Püriere die Pflaumenstücke in einem Mixer oder mit einem Stabmixer, bis sie eine glatte Konsistenz haben. Das Püree sollte möglichst fein sein, damit das Eis später eine gleichmäßige Textur hat.

In einer großen Schüssel vermischst du das Pflaumenpüree, die Vollmilch, den Zucker, das Guarkernmehl und eine Prise Salz. Rühre die Mischung gründlich durch, bis sich der Zucker vollständig aufgelöst hat und das Guarkernmehl gleichmäßig verteilt ist.

Gib die Sahne hinzu und rühre sie vorsichtig unter die Mischung, bis alles gut verbunden ist. Achte darauf, die Sahne sanft einzumischen, um die cremige Konsistenz des Eises zu bewahren.

Fülle die fertige Mischung in den Becher deiner Ninja Creami und verschließe ihn sicher. Stelle den Becher für mindestens 24 Stunden in den Gefrierschrank, damit die Mischung vollständig durchfrieren kann.

Sobald die Mischung gut durchgefroren ist, setze den Becher in die Ninja Creami ein und wähle das Programm für „Eiscreme". Die Maschine wird die gefrorene Masse in eine wunderbar cremige Pflaumen-Eiscreme verwandeln.

Dieses Pflaumen-Eis bringt die süße, saftige Frische der Pflaumen in eine köstliche Eiscreme. Der natürliche Geschmack von reifen Pflaumen sorgt für ein fruchtiges Erlebnis, das man nicht so schnell vergisst. Ein echter Genuss für alle, die fruchtige Eiskreationen lieben!

Rhabarber Eis

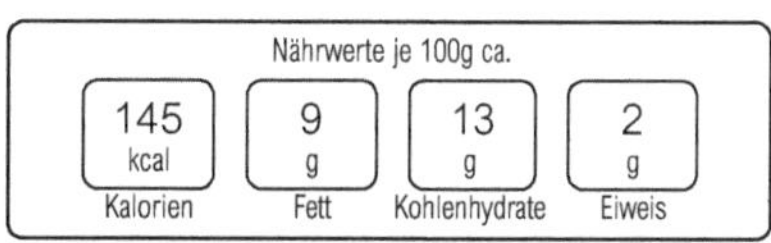

Programm: ICE CREAM

Zutaten

für die Ninja Creami:

200 g Rhabarber, geschält und in Stücke geschnitten
100 ml Vollmilch
80 g Zucker
1/3 TL Guarkernmehl
1 Prise Salz
120 ml Sahne (mind. 30% Fett)
Optional: 1 TL Vanilleextrakt für ein besonderes Aroma

für die Ninja Creami Deluxe:

300 g Rhabarber, geschält und in Stücke geschnitten
150 ml Vollmilch
120 g Zucker
1/2 TL Guarkernmehl
1 Prise Salz
180 ml Sahne (mind. 30% Fett)
Optional: 2 TL Vanilleextrakt für ein besonderes Aroma

Zubereitung

Schäle den Rhabarber und schneide ihn in kleine Stücke. Püriere die Rhabarberstücke in einem Mixer oder mit einem Stabmixer, bis sie eine glatte Konsistenz haben. Um die Säure des Rhabarbers auszugleichen, kannst du ihn vorher mit etwas Zucker ziehen lassen.

In einer großen Schüssel vermischst du das Rhabarberpüree, die Vollmilch, den Zucker, das Guarkernmehl und eine Prise Salz. Wenn du möchtest, füge den Vanilleextrakt hinzu. Rühre die Mischung gründlich durch, bis sich der Zucker vollständig aufgelöst hat und das Guarkernmehl gleichmäßig verteilt ist.

Gib die Sahne hinzu und rühre sie vorsichtig unter die Mischung, bis alles gut verbunden ist. Achte darauf, die Sahne sanft einzumischen, um die cremige Konsistenz des Eises zu bewahren.

Fülle die fertige Mischung in den Becher deiner Ninja Creami und verschließe ihn sicher. Stelle den Becher für mindestens 24 Stunden in den Gefrierschrank, damit die Mischung vollständig durchfrieren kann.

Nachdem die Mischung gut durchgefroren ist, setze den Becher in die Ninja Creami ein und wähle das Programm für „Eiscreme". Die Maschine wird die gefrorene Masse in eine herrlich cremige Rhabarber-Eiscreme verwandeln.

Fruchtig-säuerlich und herrlich erfrischend – dieses Rhabarber-Eis ist eine Hommage an den Sommer. Der unverwechselbare Geschmack von Rhabarber macht diese Eiskreation zu etwas ganz Besonderem. Perfekt für alle, die es gerne etwas säuerlich und aufregend mögen!

Sanddorn Eis

Programm: ICE CREAM

Zutaten

Zubereitung

für die Ninja Creami:

120 ml Sanddornsaft (oder Sanddornpüree, gesüßt oder ungesüßt)
100 ml Vollmilch
80 g Zucker (Anpassung je nach Süße des Sanddornsafts)
1/3 TL Guarkernmehl
1 Prise Salz
120 ml Sahne (mind. 30% Fett)

für die Ninja Creami Deluxe:

180 ml Sanddornsaft (oder Sanddornpüree, gesüßt oder ungesüßt)
150 ml Vollmilch
120 g Zucker (Anpassung je nach Süße des Sanddornsafts)
1/2 TL Guarkernmehl
1 Prise Salz
180 ml Sahne (mind. 30% Fett)

Wenn du ungesüßten Sanddornsaft verwendest, kannst du den Zuckeranteil nach deinem Geschmack anpassen. Für intensiveren Geschmack kannst du auch Sanddornpüree verwenden.

In einer großen Schüssel vermischst du den Sanddornsaft, die Vollmilch, den Zucker, das Guarkernmehl und eine Prise Salz. Rühre die Mischung gründlich durch, bis der Zucker sich vollständig aufgelöst hat und das Guarkernmehl gleichmäßig verteilt ist.

Gib die Sahne hinzu und rühre sie vorsichtig unter die Mischung, bis alles gut verbunden ist. Achte darauf, die Sahne sanft einzumischen, um die cremige Konsistenz des Eises zu bewahren.

Fülle die fertige Mischung in den Becher deiner Ninja Creami und verschließe ihn sicher. Stelle den Becher für mindestens 24 Stunden in den Gefrierschrank, damit die Mischung vollständig durchfrieren kann.

Sobald die Mischung gut durchgefroren ist, setze den Becher in die Ninja Creami ein und wähle das Programm für „Eiscreme". Die Maschine wird die gefrorene Masse in eine herrlich cremige Sanddorn-Eiscreme verwandeln.

Sanddorn, die kleine Frucht mit dem großen Geschmack, bringt in diesem Eis eine erfrischende, leicht herbe Note. Perfekt für alle, die das Besondere suchen und den unverwechselbaren Geschmack des Sanddorns schätzen. Gönn dir diese exotische Erfrischung!

Rote Grütze Eis

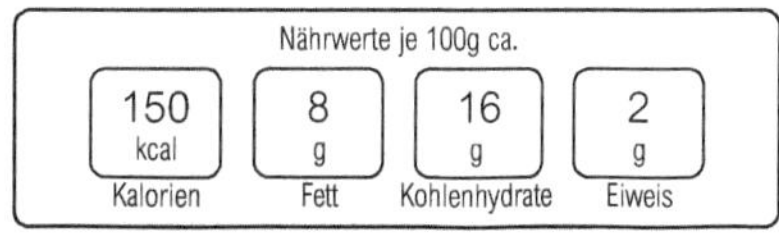

Programm: ICE CREAM

Zutaten

für die Ninja Creami:

150 ml Rote Grütze (selbstgemacht oder gekauft)
100 ml Vollmilch
70 g Zucker
1/3 TL Guarkernmehl
1 Prise Salz
120 ml Sahne (mind. 30% Fett)

für die Ninja Creami Deluxe:

230 ml Rote Grütze (selbstgemacht oder gekauft)
150 ml Vollmilch
105 g Zucker
1/2 TL Guarkernmehl
1 Prise Salz
180 ml Sahne (mind. 30% Fett)

Zubereitung

Wenn du Rote Grütze selbst machst, verwende eine Mischung aus roten Beeren wie Himbeeren, Erdbeeren, Johannisbeeren und Kirschen. Püriere die Rote Grütze, um eine glatte Konsistenz zu erhalten, oder lasse sie stückig, wenn du gerne Fruchtstücke im Eis hast.

In einer großen Schüssel vermischst du die Rote Grütze, die Vollmilch, den Zucker, das Guarkernmehl und eine Prise Salz. Rühre die Mischung gründlich durch, bis der Zucker sich vollständig aufgelöst hat und das Guarkernmehl gleichmäßig verteilt ist.

Gib die Sahne hinzu und rühre sie vorsichtig unter die Mischung, bis alles gut verbunden ist. Achte darauf, die Sahne sanft einzumischen, um die cremige Konsistenz des Eises zu bewahren.

Fülle die fertige Mischung in den Becher deiner Ninja Creami und verschließe ihn sicher. Stelle den Becher für mindestens 24 Stunden in den Gefrierschrank, damit die Mischung vollständig durchfrieren kann.

Sobald die Mischung gut durchgefroren ist, setze den Becher in die Ninja Creami ein und wähle das Programm für „Eiscreme". Die Maschine wird die gefrorene Masse in eine wunderbar cremige Rote-Grütze-Eiscreme verwandeln.

Dieses Rote Grütze-Eis vereint die besten Beeren des Sommers in einer köstlichen Eiskreation. Die Kombination aus süßen und säuerlichen Beeren macht dieses Eis zu einem fruchtigen Fest für den Gaumen. Perfekt für alle, die die volle Beerenpower genießen möchten!

Spekulatius Eis

Programm: ICE CREAM

Zutaten

für die Ninja Creami:

100 g Spekulatiuskekse, fein zerbröselt
150 ml Vollmilch
80 g brauner Zucker
1/3 TL Guarkernmehl
1 Prise Salz
1 TL Zimt (optional, für extra Würze)
200 ml Sahne (mind. 30% Fett)

für die Ninja Creami Deluxe:

150 g Spekulatiuskekse, fein zerbröselt
230 ml Vollmilch
120 g brauner Zucker
1/2 TL Guarkernmehl
1 Prise Salz
2 TL Zimt (optional, für extra Würze)
300 ml Sahne (mind. 30% Fett)

Zubereitung

Zerbrösele die Spekulatiuskekse fein, entweder in einer Küchenmaschine oder indem du sie in einem Gefrierbeutel mit einem Nudelholz zerkleinerst. Die feinen Brösel verleihen dem Eis den typischen Spekulatiusgeschmack.

In einer großen Schüssel vermischst du die Spekulatiusbrösel, die Vollmilch, den braunen Zucker, das Guarkernmehl, eine Prise Salz und optional den Zimt. Rühre die Mischung gründlich durch, bis der Zucker sich vollständig aufgelöst hat und das Guarkernmehl gleichmäßig verteilt ist.

Gib die Sahne hinzu und rühre sie vorsichtig unter die Mischung, bis alles gut verbunden ist. Achte darauf, die Sahne sanft einzumischen, um die cremige Konsistenz des Eises zu bewahren.

Fülle die fertige Mischung in den Becher deiner Ninja Creami und verschließe ihn sicher. Stelle den Becher für mindestens 24 Stunden in den Gefrierschrank, damit die Mischung vollständig durchfrieren kann.

Nachdem die Mischung gut durchgefroren ist, setze den Becher in die Ninja Creami ein und wähle das Programm für „Eiscreme". Die Maschine wird die gefrorene Masse in eine wunderbar cremige Spekulatius-Eiscreme verwandeln.

Dieses Spekulatius-Eis bringt den Geschmack der Weihnachtszeit das ganze Jahr über in deinen Eisbecher. Die würzigen Noten der Spekulatiuskekse, eingebettet in eine cremige Eisgrundlage, machen dieses Eis zu einem besonderen Genuss, der Erinnerungen weckt. Ein Muss für alle, die es würzig-süß mögen!

Stracciatella Eis

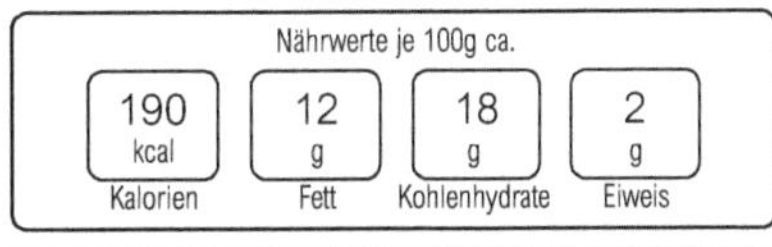

Zutaten

für die Ninja Creami:

150 ml Vollmilch
80 g Zucker
1/3 TL Guarkernmehl
1 Prise Salz
200 ml Sahne (mind. 30% Fett)
80 g Zartbitterschokolade, gehackt oder geraspelt

für die Ninja Creami Deluxe:

230 ml Vollmilch
120 g Zucker
1/2 TL Guarkernmehl
1 Prise Salz
300 ml Sahne (mind. 30% Fett)
120 g Zartbitterschokolade, gehackt oder geraspelt

Zubereitung

In einer großen Schüssel vermischst du die Vollmilch, den Zucker, das Guarkernmehl und eine Prise Salz. Rühre die Mischung gründlich durch, bis sich der Zucker vollständig aufgelöst hat und das Guarkernmehl gleichmäßig verteilt ist.

Gib die Sahne hinzu und rühre sie vorsichtig unter die Mischung, bis alles gut verbunden ist. Achte darauf, die Sahne sanft einzumischen, um die cremige Konsistenz des Eises zu bewahren.

Hacke oder rasple die Zartbitterschokolade in kleine Stückchen. Gib die Schokoladenstückchen in die Eismasse und rühre sie gleichmäßig unter.

Fülle die fertige Mischung in den Becher deiner Ninja Creami und verschließe ihn sicher. Stelle den Becher für mindestens 24 Stunden in den Gefrierschrank, damit die Mischung vollständig durchfrieren kann.

Nachdem die Mischung gut durchgefroren ist, setze den Becher in die Ninja Creami ein und wähle das Programm für „Eiscreme". Die Maschine wird die gefrorene Masse in eine wunderbar cremige Stracciatella-Eiscreme verwandeln.

Stracciatella, der Klassiker, neu erlebt! Dieses Eis vereint die zarte Cremigkeit von Vanilleeis mit knackigen Schokostückchen – ein Genuss für alle Sinne. Einfach unwiderstehlich und perfekt für alle, die es gerne klassisch, aber mit dem gewissen Etwas mögen.

Walnus Honig Joghurt Eis

Zutaten

für die Ninja Creami:

150 g griechischer Joghurt (mind. 10% Fett)
120 ml Vollmilch
60 g Honig (nach Geschmack)
1/3 TL Guarkernmehl
1 Prise Salz
100 ml Sahne (mind. 30% Fett)
50 g Walnüsse, grob gehackt

für die Ninja Creami Deluxe:

230 g griechischer Joghurt (mind. 10% Fett)
180 ml Vollmilch
90 g Honig (nach Geschmack)
1/2 TL Guarkernmehl
1 Prise Salz
150 ml Sahne (mind. 30% Fett)
75 g Walnüsse, grob gehackt

Zubereitung

In einer großen Schüssel vermischst du den griechischen Joghurt, die Vollmilch, den Honig, das Guarkernmehl und eine Prise Salz. Rühre die Mischung gründlich durch, bis der Honig sich vollständig aufgelöst hat und das Guarkernmehl gleichmäßig verteilt ist.

Gib die Sahne hinzu und rühre sie vorsichtig unter die Joghurt-Honig-Mischung, bis alles gut verbunden ist. Achte darauf, die Sahne sanft einzumischen, um die cremige Konsistenz des Eises zu bewahren.

Hacke die Walnüsse grob und rühre sie gleichmäßig in die Eismasse ein. Sie sorgen für eine knackige Textur und ergänzen den süßen Honiggeschmack perfekt.

Fülle die fertige Mischung in den Becher deiner Ninja Creami und verschließe ihn sicher. Stelle den Becher für mindestens 24 Stunden in den Gefrierschrank, damit die Mischung vollständig durchfrieren kann.

Nachdem die Mischung gut durchgefroren ist, setze den Becher in die Ninja Creami ein und wähle das Programm für „Eiscreme". Die Maschine wird die gefrorene Masse in eine wunderbar cremige Walnuss-Honig-Joghurt-Eiscreme verwandeln.

Honig trifft auf nussige Walnüsse und die Frische von Joghurt – eine Kombination, die nicht nur gesund, sondern auch unglaublich lecker ist. Dieses Eis ist leicht, erfrischend und hat dennoch das gewisse Etwas, das jeden Löffel zu einem kleinen Highlight macht.

Zimt Eis

Programm: ICE CREAM

Zutaten

für die Ninja Creami:

200 ml Vollmilch
100 g Zucker
1/3 TL Guarkernmehl
1 Prise Salz
2 TL Zimt (nach Geschmack)
200 ml Sahne (mind. 30% Fett)

für die Ninja Creami Deluxe:

300 ml Vollmilch
150 g Zucker
1/2 TL Guarkernmehl
1 Prise Salz
3 TL Zimt (nach Geschmack)
300 ml Sahne (mind. 30% Fett)

Zubereitung

In einer großen Schüssel vermischst du die Vollmilch, den Zucker, das Guarkernmehl, eine Prise Salz und den Zimt. Rühre die Mischung gründlich durch, bis der Zucker und der Zimt sich vollständig aufgelöst haben und das Guarkernmehl gleichmäßig verteilt ist.

Gib die Sahne hinzu und rühre sie vorsichtig unter die Zimt-Mischung, bis alles gut verbunden ist. Achte darauf, die Sahne sanft einzumischen, um die cremige Konsistenz des Eises zu bewahren.

Fülle die fertige Mischung in den Becher deiner Ninja Creami und verschließe ihn sicher. Stelle den Becher für mindestens 24 Stunden in den Gefrierschrank, damit die Mischung vollständig durchfrieren kann.

Sobald die Mischung gut durchgefroren ist, setze den Becher in die Ninja Creami ein und wähle das Programm für „Eiscreme". Die Maschine wird die gefrorene Masse in eine wunderbar cremige Zimt-Eiscreme verwandeln.

Dieses Zimt-Eis ist wie eine Umarmung in einer Schale. Der warme, würzige Geschmack von Zimt, eingefangen in einer cremigen Eiscreme, ist wie gemacht für gemütliche Stunden. Perfekt für alle, die es würzig und süß lieben und sich gerne an gemütliche Wintertage erinnern.

Weintrauben Eis

Programm: ICE CREAM

Zutaten

für die Ninja Creami:

200 g rote oder grüne Weintrauben, entkernt
150 ml Vollmilch
80 g Zucker
1/3 TL Guarkernmehl
1 Prise Salz
150 ml Sahne (mind. 30% Fett)

für die Ninja Creami Deluxe:

300 g rote oder grüne Weintrauben, entkernt
230 ml Vollmilch
120 g Zucker
1/2 TL Guarkernmehl
1 Prise Salz
230 ml Sahne (mind. 30% Fett)

Zubereitung

Wasche die Weintrauben gründlich, entkerne sie (falls notwendig) und püriere sie in einem Mixer oder mit einem Stabmixer, bis eine glatte Konsistenz entsteht. Du kannst das Püree durch ein Sieb streichen, um die Haut und Kerne zu entfernen, falls du eine besonders feine Textur bevorzugst.

In einer großen Schüssel vermischst du das Weintraubenpüree, die Vollmilch, den Zucker, das Guarkernmehl und eine Prise Salz. Rühre die Mischung gründlich durch, bis sich der Zucker vollständig aufgelöst hat und das Guarkernmehl gleichmäßig verteilt ist.

Gib die Sahne hinzu und rühre sie vorsichtig unter die Weintrauben-Mischung, bis alles gut verbunden ist. Achte darauf, die Sahne sanft einzumischen, um die cremige Konsistenz des Eises zu bewahren.

Fülle die fertige Mischung in den Becher deiner Ninja Creami und verschließe ihn sicher. Stelle den Becher dann für mindestens 24 Stunden in den Gefrierschrank, damit die Mischung vollständig durchfrieren kann.

Nachdem die Mischung vollständig durchgefroren ist, setze den Becher in die Ninja Creami ein und wähle das Programm für „Eiscreme". Die Maschine wird die gefrorene Masse in eine herrlich cremige Weintrauben-Eiscreme verwandeln.

Weintrauben in Eisform? Dieses Eis bringt die süße, saftige Frische von Weintrauben direkt in deine Eisschale. Ein außergewöhnliches, aber köstliches Erlebnis, das nicht nur Fruchtliebhaber begeistert. Gönn dir dieses Eis und lass dich überraschen!

Weiße Schokolade Eis

Programm: ICE CREAM

Zutaten

für die Ninja Creami:

120 g weiße Schokolade, gehackt
150 ml Vollmilch
70 g Zucker
1/3 TL Guarkernmehl
1 Prise Salz
200 ml Sahne (mind. 30% Fett)

für die Ninja Creami Deluxe:

180 g weiße Schokolade, gehackt
230 ml Vollmilch
105 g Zucker
1/2 TL Guarkernmehl
1 Prise Salz
300 ml Sahne (mind. 30% Fett)

Zubereitung

Schmelze die gehackte weiße Schokolade vorsichtig in einem Wasserbad oder in der Mikrowelle. Lass die geschmolzene Schokolade etwas abkühlen, bevor du sie weiterverarbeitest.

In einer großen Schüssel vermischst du die abgekühlte, geschmolzene weiße Schokolade mit der Vollmilch, dem Zucker, dem Guarkernmehl und einer Prise Salz. Rühre die Mischung gründlich durch, bis der Zucker sich vollständig aufgelöst hat und das Guarkernmehl gleichmäßig verteilt ist.

Gib die Sahne hinzu und rühre sie vorsichtig unter die Schokoladenmischung, bis alles gut verbunden ist. Achte darauf, die Sahne sanft einzumischen, um die cremige Konsistenz des Eises zu bewahren.

Fülle die fertige Mischung in den Becher deiner Ninja Creami und verschließe ihn sicher. Stelle den Becher dann für mindestens 24 Stunden in den Gefrierschrank, damit die Mischung vollständig durchfrieren kann.

Sobald die Mischung gut durchgefroren ist, setze den Becher in die Ninja Creami ein und wähle das Programm für „Eiscreme". Die Maschine wird die gefrorene Masse in eine herrlich cremige Weiße-Schokolade-Eiscreme verwandeln.

Ein Traum in Weiß – dieses Eis aus weißer Schokolade ist pure Verführung. Die cremige Textur und der süße Geschmack machen jeden Löffel zu einem kleinen Luxusmoment. Perfekt für alle, die es gerne süß und edel mögen!

Schokoladen Eis

Programm: ICE CREAM

Zutaten

für die Ninja Creami:

120 g Zartbitterschokolade, gehackt
150 ml Vollmilch
80 g Zucker
1/3 TL Guarkernmehl
1 Prise Salz
200 ml Sahne (mind. 30% Fett)

für die Ninja Creami Deluxe:

180 g Zartbitterschokolade, gehackt
230 ml Vollmilch
120 g Zucker
1/2 TL Guarkernmehl
1 Prise Salz
300 ml Sahne (mind. 30% Fett)

Zubereitung

Zerkleinere die Zartbitterschokolade und schmelze sie vorsichtig in der Mikrowelle. Lass die geschmolzene Schokolade etwas abkühlen, bevor du sie weiterverarbeitest.

In einer großen Schüssel verrührst du die abgekühlte, geschmolzene Schokolade mit der Vollmilch. Füge den Zucker, das Guarkernmehl und eine Prise Salz hinzu. Rühre die Mischung gründlich durch, bis sich der Zucker vollständig aufgelöst hat und das Guarkernmehl gleichmäßig verteilt ist.

Hebe nun die Sahne vorsichtig unter die Schokoladenmischung, bis eine glatte, homogene Masse entstanden ist. Achte darauf, die Sahne behutsam einzumischen, um die cremige Textur des Eises zu erhalten.

Fülle die fertige Schokoladenmischung in den Becher deiner Ninja Creami und verschließe ihn gut. Stelle den Becher anschließend für mindestens 24 Stunden in den Gefrierschrank, damit die Mischung vollständig durchfrieren kann.

Nachdem die Mischung gut durchgefroren ist, setze den Becher in die Ninja Creami ein und wähle das Programm für „Eiscreme". Die Maschine verwandelt die gefrorene Masse in eine wunderbar cremige Schokoladen-Eiscreme.

Dieses Schokoladen-Eis ist ein Muss für alle Schokoladenliebhaber. Die intensive, cremige Schokoladenbasis sorgt für einen vollmundigen Genuss, der einfach glücklich macht. Ein Klassiker, der immer wieder begeistert – perfekt für echte Schokoholics!

Safran Eis

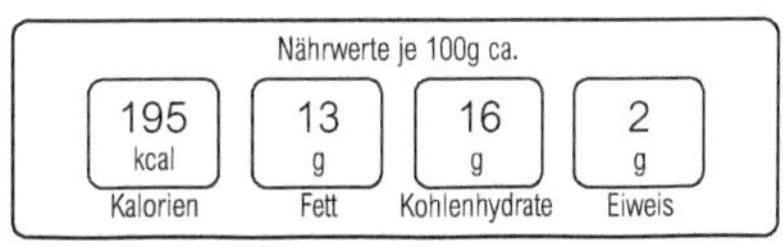

Zutaten

für die Ninja Creami:

200 ml Vollmilch
100 g Zucker
1/3 TL Guarkernmehl
1 Prise Salz
1 großzügige Prise Safranfäden (ca. 0,1 g)
200 ml Sahne (mind. 30% Fett)

für die Ninja Creami Deluxe:

300 ml Vollmilch
150 g Zucker
1/2 TL Guarkernmehl
1 Prise Salz
1 großzügige Prise Safranfäden (ca. 0,2 g)
300 ml Sahne (mind. 30% Fett)

Zubereitung

Zerstoße die Safranfäden vorsichtig in einem Mörser, um das volle Aroma freizusetzen. Weiche den gemahlenen Safran in 2 Esslöffeln warmer Milch für etwa 10 Minuten ein, damit die Farbe und der Geschmack intensiver werden.

In einer großen Schüssel vermischst du die restliche Vollmilch, den Zucker, das Guarkernmehl und eine Prise Salz. Füge die Safran-Milch-Mischung hinzu und rühre alles gründlich durch, bis der Zucker sich vollständig aufgelöst hat und das Guarkernmehl gleichmäßig verteilt ist.

Gib die Sahne hinzu und rühre sie behutsam unter, bis die Mischung glatt und gut verbunden ist. Die Sahne sollte sanft eingerührt werden, um die cremige Textur des Eises zu erhalten.

Fülle die fertige Safran-Mischung in den Becher deiner Ninja Creami und verschließe ihn gut. Stelle den Becher anschließend für mindestens 24 Stunden in den Gefrierschrank, damit die Mischung vollständig durchfrieren kann.

Sobald die Mischung vollständig durchgefroren ist, setze den Becher in die Ninja Creami ein und wähle das Programm für „Eiscreme". Die Maschine verwandelt die gefrorene Masse in eine herrlich cremige Safran-Eiscreme.

Exotisch und luxuriös – dieses Safran-Eis bringt die feinen, goldenen Fäden des Safrans in eine köstliche Eiscreme. Der einzigartige Geschmack und die zarte Textur machen dieses Eis zu einem Highlight, das du dir nicht entgehen lassen solltest. Gönn dir diesen Hauch von Luxus!

Rhabarber-Joghurt Eis

Zutaten

für die Ninja Creami:

200 g Rhabarber, geschält und in kleine Stücke geschnitten
150 g griechischer Joghurt (mind. 10% Fett)
100 ml Vollmilch
80 g Zucker
1/3 TL Guarkernmehl
1 Prise Salz
100 ml Sahne (mind. 30% Fett)

für die Ninja Creami Deluxe:

300 g Rhabarber, geschält und in kleine Stücke geschnitten
230 g griechischer Joghurt (mind. 10% Fett)
150 ml Vollmilch
120 g Zucker
1/2 TL Guarkernmehl
1 Prise Salz
150 ml Sahne (mind. 30% Fett)

Zubereitung

Schäle den Rhabarber und schneide ihn in kleine Stücke. Koche den Rhabarber mit 2 Esslöffeln Wasser und 2 Esslöffeln Zucker in einem kleinen Topf, bis er weich wird und sich leicht pürieren lässt. Lasse das Rhabarberkompott abkühlen und püriere es anschließend, bis es eine glatte Konsistenz hat.

In einer großen Schüssel vermischst du das abgekühlte Rhabarberpüree mit dem griechischen Joghurt, der Vollmilch, dem restlichen Zucker, dem Guarkernmehl und einer Prise Salz. Rühre die Mischung gründlich durch, bis der Zucker sich vollständig aufgelöst hat und das Guarkernmehl gleichmäßig verteilt ist.

Füge die Sahne hinzu und rühre sie vorsichtig unter die Mischung, bis alles gut verbunden ist. Achte darauf, die Sahne behutsam einzurühren, um die cremige Konsistenz des Eises zu bewahren.

Fülle die fertige Rhabarber-Joghurt-Mischung in den Becher deiner Ninja Creami und verschließe ihn gut. Stelle den Becher für mindestens 24 Stunden in den Gefrierschrank, damit die Mischung vollständig durchfrieren kann.

Sobald die Mischung vollständig durchgefroren ist, setze den Becher in die Ninja Creami ein und wähle das Programm für „Eiscreme".

Erfrischend und leicht – das Rhabarber-Joghurt-Eis ist der perfekte Mix aus fruchtiger Säure und cremiger Leichtigkeit. Der Rhabarber bringt eine spritzige Note, die durch den Joghurt perfekt ausgeglichen wird. Ein Genuss für alle, die es fruchtig und leicht mögen!

Fruchtig-säuerliches

Sanddorn-Joghurt Eis

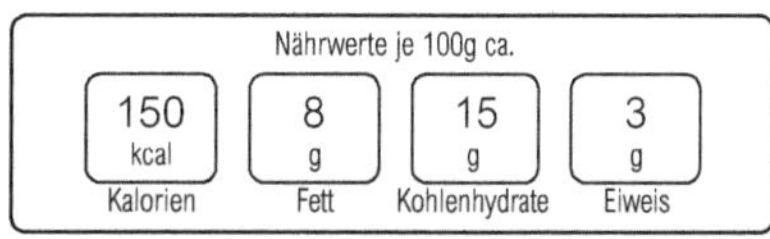

Programm: ICE CREAM

Zutaten

für die Ninja Creami:

150 ml Sanddornsaft (gesüßt oder ungesüßt, je nach Geschmack)
150 g griechischer Joghurt (mind. 10% Fett)
100 ml Vollmilch
80 g Zucker (anpassen je nach Süße des Safts)
1/3 TL Guarkernmehl
1 Prise Salz
100 ml Sahne (mind. 30% Fett)

für die Ninja Creami Deluxe:

230 ml Sanddornsaft (gesüßt oder ungesüßt, je nach Geschmack)
230 g griechischer Joghurt (mind. 10% Fett)
150 ml Vollmilch
120 g Zucker (anpassen je nach Süße des Safts)
1/2 TL Guarkernmehl
1 Prise Salz
150 ml Sahne (mind. 30% Fett)

Zubereitung

In einer großen Schüssel vermischst du den Sanddornsaft, den griechischen Joghurt, die Vollmilch, den Zucker, das Guarkernmehl und eine Prise Salz. Rühre die Mischung gründlich durch, bis sich der Zucker vollständig aufgelöst hat und das Guarkernmehl gleichmäßig verteilt ist.

Füge die Sahne hinzu und rühre sie vorsichtig unter die Sanddorn-Joghurt-Mischung, bis alles gut verbunden ist. Achte darauf, die Sahne behutsam einzurühren, um die cremige Konsistenz des Eises zu bewahren.

Fülle die fertige Mischung in den Becher deiner Ninja Creami und verschließe ihn sicher. Stelle den Becher anschließend für mindestens 24 Stunden in den Gefrierschrank, damit die Mischung vollständig durchfrieren kann.

Sobald die Mischung vollständig durchgefroren ist, setze den Becher in die Ninja Creami ein und wähle das Programm für „Eiscreme". Die Maschine verwandelt die gefrorene Masse in eine herrlich cremige Sanddorn-Joghurt-Eiscreme.

Dieses Sanddorn-Joghurt-Eis ist ein echter Geheimtipp! Der herb-fruchtige Geschmack von Sanddorn, kombiniert mit der cremigen Frische von Joghurt, macht dieses Eis zu einer besonderen Erfrischung. Ideal für alle, die es gerne außergewöhnlich mögen!

Pfirsich Himbeer Eis

Programm: ICE CREAM

Zutaten

für die Ninja Creami:

150 g reife Pfirsiche (ca. 1-2 Pfirsiche)
100 g Himbeeren (frisch oder gefroren)
100 ml Vollmilch
80 g Zucker
1/3 TL Guarkernmehl
1 Prise Salz
120 ml Sahne (mind. 30% Fett)

für die Ninja Creami Deluxe:

230 g reife Pfirsiche (ca. 2-3 Pfirsiche)
150 g Himbeeren (frisch oder gefroren)
150 ml Vollmilch
120 g Zucker
1/2 TL Guarkernmehl
1 Prise Salz
180 ml Sahne (mind. 30% Fett)

Zubereitung

Schäle die Pfirsiche, entkerne sie und schneide das Fruchtfleisch in kleine Stücke. Püriere die Pfirsichstücke und die Himbeeren in einem Mixer oder mit einem Stabmixer, bis sie eine glatte Konsistenz haben. Du kannst das Püree durch ein Sieb streichen, um die Himbeerkerne zu entfernen, falls du eine besonders feine Textur bevorzugst.

In einer großen Schüssel vermischst du das Fruchtpüree mit der Vollmilch, dem Zucker, dem Guarkernmehl und einer Prise Salz. Rühre die Mischung gründlich durch, bis der Zucker sich vollständig aufgelöst hat und das Guarkernmehl gleichmäßig verteilt ist.

Füge die Sahne hinzu und rühre sie vorsichtig unter die Mischung, bis alles gut verbunden ist. Achte darauf, die Sahne sanft einzurühren, um die cremige Konsistenz des Eises zu bewahren.

Fülle die fertige Pfirsich-Himbeer-Mischung in den Becher deiner Ninja Creami und verschließe ihn sicher. Stelle den Becher dann für mindestens 24 Stunden in den Gefrierschrank, damit die Mischung vollständig durchfrieren kann.

Nachdem die Mischung gut durchgefroren ist, setze den Becher in die Ninja Creami ein und wähle das Programm für „Eiscreme".

Pfirsich und Himbeere – ein Traumpaar, das in diesem Eis perfekt harmoniert. Die süße Saftigkeit der Pfirsiche trifft auf die spritzige Frische der Himbeeren, was dieses Eis zu einem fruchtigen Highlight macht. Ideal für warme Sommertage!

Pistazien-Joghurt Eis

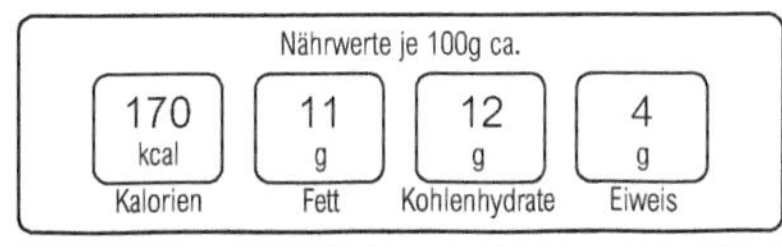

Programm: ICE CREAM

Zutaten

für die Ninja Creami:

100 g geschälte, ungesalzene Pistazienkerne
150 g griechischer Joghurt (mind. 10% Fett)
100 ml Vollmilch
80 g Zucker
1/3 TL Guarkernmehl
1 Prise Salz
120 ml Sahne (mind. 30% Fett)

für die Ninja Creami Deluxe:

150 g geschälte, ungesalzene Pistazienkerne
230 g griechischer Joghurt (mind. 10% Fett)
150 ml Vollmilch
120 g Zucker
1/2 TL Guarkernmehl
1 Prise Salz
180 ml Sahne (mind. 30% Fett)

Zubereitung

Mahle die Pistazienkerne in einem Mixer oder einer Küchenmaschine, bis sie eine feine, pastenartige Konsistenz haben. Wenn du eine etwas grobere Textur magst, kannst du einen Teil der Pistazien auch nur grob hacken und später hinzufügen.

In einer großen Schüssel vermischst du die Pistazienpaste mit dem griechischen Joghurt, der Vollmilch, dem Zucker, dem Guarkernmehl und einer Prise Salz. Rühre die Mischung gründlich durch, bis der Zucker sich vollständig aufgelöst hat und das Guarkernmehl gleichmäßig verteilt ist.

Füge die Sahne hinzu und rühre sie vorsichtig unter die Pistazien-Joghurt-Mischung, bis alles gut verbunden ist. Achte darauf, die Sahne sanft einzumischen, um die cremige Konsistenz des Eises zu bewahren.

Fülle die fertige Pistazien-Joghurt-Mischung in den Becher deiner Ninja Creami und verschließe ihn sicher. Stelle den Becher für mindestens 24 Stunden in den Gefrierschrank, damit die Mischung vollständig durchfrieren kann.

Sobald die Mischung gut durchgefroren ist, setze den Becher in die Ninja Creami ein und wähle das Programm für „Eiscreme". Die Maschine verwandelt die gefrorene Masse in eine wunderbar cremige Pistazien-Joghurt-Eiscreme.

Pistazienfans aufgepasst! Dieses Pistazien-Joghurt-Eis bringt die nussige Note der Pistazien in Kombination mit der leichten Säure von Joghurt. Ein Geschmackserlebnis, das dich überrascht und begeistert – ideal für alle, die das Besondere lieben!

Sauerrahm Eis

150 kcal	10 g	12 g	2 g
Kalorien	Fett	Kohlenhydrate	Eiweis

Programm: ICE CREAM

Zutaten

für die Ninja Creami:

200 g Sauerrahm (Saure-Sahne)
100 ml Vollmilch
80 g Zucker
1/3 TL Guarkernmehl
1 Prise Salz
120 ml Sahne (mind. 30% Fett)
Optional: 1 TL Zitronensaft für zusätzliche
Frische

für die Ninja Creami Deluxe:

300 g Sauerrahm (Saure Sahne)
150 ml Vollmilch
120 g Zucker
1/2 TL Guarkernmehl
1 Prise Salz
180 ml Sahne (mind. 30% Fett)
Optional: 1-2 TL Zitronensaft für zusätzliche
Frische

Zubereitung

In einer großen Schüssel vermischst du den Sauer-rahm, die Vollmilch, den Zucker, das Guarkernmehl und eine Prise Salz. Wenn du eine extra frische Note möch-test, füge den Zitronensaft hinzu. Rühre die Mischung gründlich durch, bis sich der Zucker vollständig aufge-löst hat und das Guarkernmehl gleichmäßig verteilt ist.

Gib die Sahne hinzu und rühre sie vorsichtig unter die Sauerrahm-Mischung, bis alles gut verbunden ist. Achte darauf, die Sahne sanft einzumischen, um die cremige Konsistenz des Eises zu bewahren.

Fülle die fertige Sauerrahm-Mischung in den Becher deiner Ninja Creami und verschließe ihn sicher. Stelle den Becher anschließend für mindestens 24 Stunden in den Gefrierschrank, damit die Mischung vollständig durchfrieren kann.

Sobald die Mischung gut durchgefroren ist, setze den Becher in die Ninja Creami ein und wähle das Pro-gramm für „Eiscreme". Die Maschine verwandelt die gefrorene Masse in eine wunderbar cremige Sauer-rahm-Eiscreme.

Erfrischend und leicht – dieses Sauerrahm-Eis ist die perfekte Abwechslung zu herkömmlichen Eissorten. Die leichte Säure des Sauerrahms verleiht diesem Eis eine unvergleichliche Frische, die besonders an warmen Tagen für Erfrischung sorgt. Gönn dir diesen außergewöhnlichen Genuss!

Tiramisu Eis

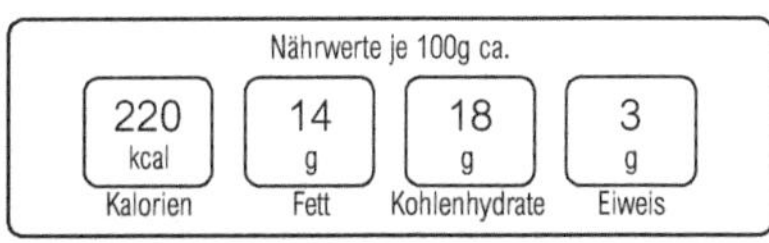

Programm: ICE CREAM

Zutaten

für die Ninja Creami:

100 g Mascarpone
150 ml Vollmilch
80 g Zucker
1/3 TL Guarkernmehl
1 Prise Salz
1 EL Instant-Espressopulver oder 50 ml
starker Espresso, abgekühlt
120 ml Sahne (mind. 30% Fett)
2-3 Löffelbiskuits, zerbröselt

für die Ninja Creami Deluxe:

150 g Mascarpone
230 ml Vollmilch
120 g Zucker
1/2 TL Guarkernmehl
1 Prise Salz
1-2 EL Instant-Espressopulver oder 75 ml
starker Espresso, abgekühlt
180 ml Sahne (mind. 30% Fett)
3-4 Löffelbiskuits, zerbröselt

Zubereitung

In einer großen Schüssel vermischst du die Mascarpone mit der Vollmilch, dem Zucker, dem Guarkernmehl und einer Prise Salz. Rühre die Mischung gründlich durch, bis der Zucker sich vollständig aufgelöst hat und die Masse schön glatt ist.

Füge das Instant-Espressopulver oder den abgekühlten, starken Espresso hinzu und rühre ihn gut unter die Mascarpone-Mischung.

Gib die Sahne hinzu und rühre sie vorsichtig unter die Mischung, bis alles gut verbunden ist. Achte darauf, die Sahne sanft einzumischen, um die cremige Konsistenz des Eises zu bewahren.

Zerbrösele die Löffelbiskuits und rühre sie gleichmäßig in die Mischung ein. Wenn du magst, füge auch das Kakaopulver hinzu, um dem Eis eine zusätzliche Tiefe zu verleihen.

Fülle die fertige Tiramisu-Mischung in den Becher deiner Ninja Creami und verschließe ihn sicher. Stelle den Becher dann für mindestens 24 Stunden in den Gefrierschrank, damit die Mischung vollständig durchfrieren kann.

Sobald die Mischung gut durchgefroren ist, setze den Becher in die Ninja Creami ein und wähle das Programm für „Eiscreme".

Tiramisu in Eisform – was könnte besser sein? Der klassische italienische Dessertgeschmack, eingefangen in einer cremigen Eiscreme, ist ein wahrer Genussmoment. Perfekt für alle, die die süße Verführung lieben und nicht genug von Tiramisu bekommen können!

Stachelbeeren-Joghurt Eis

Programm: ICE CREAM

Zutaten

für die Ninja Creami:

150 g frische Stachelbeeren (rot oder grün, je nach Vorliebe)
150 g griechischer Joghurt (mind. 10% Fett)
100 ml Vollmilch
80 g Zucker
1/3 TL Guarkernmehl
1 Prise Salz
100 ml Sahne (mind. 30% Fett)

für die Ninja Creami Deluxe:

230 g frische Stachelbeeren (rot oder grün, je nach Vorliebe)
230 g griechischer Joghurt (mind. 10% Fett)
150 ml Vollmilch
120 g Zucker
1/2 TL Guarkernmehl
1 Prise Salz
150 ml Sahne (mind. 30% Fett)

Zubereitung

Wasche die Stachelbeeren gründlich, entferne die Stiele und Blütenansätze. Püriere die Beeren anschließend in einem Mixer oder mit einem Stabmixer, bis sie eine glatte Konsistenz haben. Du kannst das Püree durch ein Sieb streichen, um die Kerne zu entfernen, falls du eine besonders feine Textur bevorzugst.

In einer großen Schüssel vermischst du das Stachelbeerenpüree mit dem griechischen Joghurt, der Vollmilch, dem Zucker, dem Guarkernmehl und einer Prise Salz. Rühre die Mischung gründlich durch, bis der Zucker sich vollständig aufgelöst hat und das Guarkernmehl gleichmäßig verteilt ist.

Füge die Sahne hinzu und rühre sie vorsichtig unter die Mischung, bis alles gut verbunden ist. Achte darauf, die Sahne sanft einzurühren, um die cremige Konsistenz des Eises zu bewahren.

Fülle die fertige Stachelbeeren-Joghurt-Mischung in den Becher deiner Ninja Creami und verschließe ihn sicher. Stelle den Becher dann für mindestens 24 Stunden in den Gefrierschrank, damit die Mischung vollständig durchfrieren kann.

Sobald die Mischung gut durchgefroren ist, setze den Becher in die Ninja Creami ein und wähle das Programm für „Eiscreme".

Stachelbeeren in Eisform? Dieses Eis bringt die spritzige Frische der Stachelbeeren in eine köstliche Joghurt-Eisbasis. Ein erfrischendes Erlebnis, das besonders an heißen Tagen für einen fruchtigen Kick sorgt. Perfekt für alle, die es fruchtig und leicht mögen!

Zitronen Eis

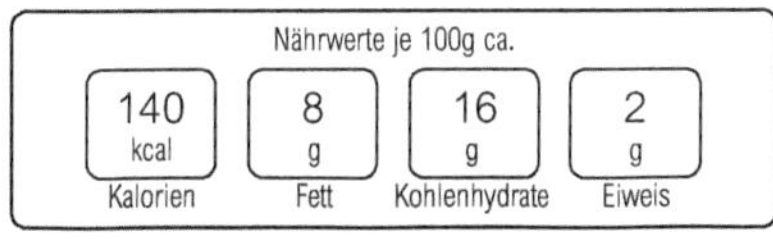

Programm: ICE CREAM

Zutaten

für die Ninja Creami:

150 ml frischer Zitronensaft (ca. 3-4 Zitronen)
150 ml Vollmilch
100 g Zucker
1/3 TL Guarkernmehl
1 Prise Salz
150 ml Sahne (mind. 30% Fett)
Optional: 1 TL fein abgeriebene Zitronenschale für extra Aroma

für die Ninja Creami Deluxe:

230 ml frischer Zitronensaft (ca. 3-4 Zitronen)
230 ml Vollmilch
150 g Zucker
1/2 TL Guarkernmehl
1 Prise Salz
230 ml Sahne (mind. 30% Fett)
Optional: 1-2 TL fein abgeriebene Zitronenschale für extra Aroma

Zubereitung

Presse die Zitronen aus, um den frischen Saft zu gewinnen. Wenn du ein intensiveres Zitronenaroma möchtest, kannst du auch die Zitronenschale fein abreiben und zur Mischung hinzufügen.

In einer großen Schüssel vermischst du den Zitronensaft, die Vollmilch, den Zucker, das Guarkernmehl und eine Prise Salz. Rühre die Mischung gründlich durch, bis sich der Zucker vollständig aufgelöst hat und das Guarkernmehl gleichmäßig verteilt ist.

Gib die Sahne hinzu und rühre sie vorsichtig unter die Zitronenmischung, bis alles gut verbunden ist. Achte darauf, die Sahne sanft einzumischen, um die cremige Konsistenz des Eises zu bewahren.

Fülle die fertige Zitronen-Mischung in den Becher deiner Ninja Creami und verschließe ihn sicher. Stelle den Becher dann für mindestens 24 Stunden in den Gefrierschrank, damit die Mischung vollständig durchfrieren kann.

Sobald die Mischung gut durchgefroren ist, setze den Becher in die Ninja Creami ein und wähle das Programm für „Eiscreme". Die Maschine verwandelt die gefrorene Masse in eine wunderbar cremige Zitronen-Eiscreme.

Erfrischender geht es nicht – dieses Zitronen-Eis ist pure Frische in einer Schale. Der saure Geschmack der Zitronen sorgt für ein prickelndes Erlebnis, das dich an heißen Tagen abkühlt und erfrischt. Einfach unwiderstehlich und perfekt für alle, die es spritzig mögen!

Zitronen-Joghurt Eis

Nährwerte je 100g ca.			
145 kcal	8 g	14 g	3 g
Kalorien	Fett	Kohlenhydrate	Eiweis

Programm: ICE CREAM

Zutaten

für die Ninja Creami:

150 ml frischer Zitronensaft (ca. 3-4 Zitronen)
150 g griechischer Joghurt (mind. 10% Fett)
100 ml Vollmilch
80 g Zucker
1/3 TL Guarkernmehl
1 Prise Salz
120 ml Sahne (mind. 30% Fett)

für die Ninja Creami Deluxe:

230 ml frischer Zitronensaft (ca. 4-5 Zitronen)
230 g griechischer Joghurt (mind. 10% Fett)
150 ml Vollmilch
120 g Zucker
1/2 TL Guarkernmehl
1 Prise Salz
180 ml Sahne (mind. 30% Fett)

Zubereitung

Presse die Zitronen aus, um den frischen Saft zu gewinnen. Wenn du ein intensiveres Zitronenaroma möchtest, kannst du auch die Zitronenschale fein abreiben und zur Mischung hinzufügen.

In einer großen Schüssel vermischst du den Zitronensaft, den griechischen Joghurt, die Vollmilch, den Zucker, das Guarkernmehl und eine Prise Salz. Rühre die Mischung gründlich durch, bis der Zucker sich vollständig aufgelöst hat und das Guarkernmehl gleichmäßig verteilt ist.

Gib die Sahne hinzu und rühre sie vorsichtig unter die Zitronen-Joghurt-Mischung, bis alles gut verbunden ist. Achte darauf, die Sahne sanft einzumischen, um die cremige Konsistenz des Eises zu bewahren.

Fülle die fertige Zitronen-Joghurt-Mischung in den Becher deiner Ninja Creami und verschließe ihn sicher. Stelle den Becher dann für mindestens 24 Stunden in den Gefrierschrank, damit die Mischung vollständig durchfrieren kann.

Sobald die Mischung gut durchgefroren ist, setze den Becher in die Ninja Creami ein und wähle das Programm für „Eiscreme". Die Maschine verwandelt die gefrorene Masse in eine herrlich cremige Zitronen-Joghurt-Eiscreme.

Leicht, spritzig und unglaublich erfrischend – das Zitronen-Joghurt-Eis vereint die Frische von Zitronen mit der leichten Cremigkeit von Joghurt. Ein idealer Genuss für alle, die es gerne fruchtig und leicht mögen. Perfekt für einen sommerlichen Eistrip!

Pfirsich-Joghurt Eis

Zutaten

für die Ninja Creami:

150 g reife Pfirsiche (ca. 1-2 Pfirsiche)
150 g griechischer Joghurt (mind. 10% Fett)
100 ml Vollmilch
80 g Zucker
1/3 TL Guarkernmehl
1 Prise Salz
120 ml Sahne (mind. 30% Fett)

für die Ninja Creami Deluxe:

230 g reife Pfirsiche (ca. 2-3 Pfirsiche)
230 g griechischer Joghurt (mind. 10% Fett)
150 ml Vollmilch
120 g Zucker
1/2 TL Guarkernmehl
1 Prise Salz
180 ml Sahne (mind. 30% Fett)

Zubereitung

Schäle die Pfirsiche, entkerne sie und schneide das Fruchtfleisch in kleine Stücke. Püriere die Pfirsichstücke in einem Mixer oder mit einem Stabmixer, bis sie eine glatte Konsistenz haben. Falls du eine besonders feine Textur bevorzugst, kannst du das Püree durch ein Sieb streichen.

In einer großen Schüssel vermischst du das Pfirsich-püree mit dem griechischen Joghurt, der Vollmilch, dem Zucker, dem Guarkernmehl und einer Prise Salz. Rühre die Mischung gründlich durch, bis der Zucker sich vollständig aufgelöst hat und das Guarkernmehl gleichmäßig verteilt ist.

Füge die Sahne hinzu und rühre sie vorsichtig unter die Pfirsich-Joghurt-Mischung, bis alles gut verbunden ist. Achte darauf, die Sahne sanft einzumischen, um die cremige Konsistenz des Eises zu bewahren.

Fülle die fertige Pfirsich-Joghurt-Mischung in den Becher deiner Ninja Creami und verschließe ihn sicher. Stelle den Becher dann für mindestens 24 Stunden in den Gefrierschrank, damit die Mischung vollständig durchfrieren kann.

Sobald die Mischung gut durchgefroren ist, setze den Becher in die Ninja Creami ein und wähle das Pro-gramm für „Eiscreme".

Pfirsich und Joghurt – ein Duo, das für Sommerfeeling pur sorgt. Der fruchtige Geschmack reifer Pfirsiche, kom-biniert mit der leichten Frische von Joghurt, macht dieses Eis zu einem fruchtigen Vergnügen, das sich niemand entgehen lassen sollte. Einfach lecker!

Amaretto Eis

Programm: ICE CREAM

Zutaten

für die Ninja Creami:

80 ml Amaretto-Likör
150 ml Vollmilch
80 g Zucker
1/3 TL Guarkernmehl
1 Prise Salz
200 ml Sahne (mind. 30% Fett)
Optional: 50 g gehackte Mandeln oder Amarettini-Kekse für zusätzlichen Crunch

für die Ninja Creami Deluxe:

120 ml Amaretto-Likör
230 ml Vollmilch
120 g Zucker
1/2 TL Guarkernmehl
1 Prise Salz
300 ml Sahne (mind. 30% Fett)
Optional: 75 g gehackte Mandeln oder Amarettini-Kekse für zusätzlichen Crunch

Zubereitung

In einer großen Schüssel vermischst du den Amaretto-Likör, die Vollmilch, den Zucker, das Guarkernmehl und eine Prise Salz. Rühre die Mischung gründlich durch, bis der Zucker sich vollständig aufgelöst hat und das Guarkernmehl gleichmäßig verteilt ist.

Gib die Sahne hinzu und rühre sie vorsichtig unter die Amaretto-Mischung, bis alles gut verbunden ist. Achte darauf, die Sahne sanft einzumischen, um die cremige Konsistenz des Eises zu bewahren.

Optionale Zutaten hinzufügen: Wenn du gehackte Mandeln oder zerbröselte Amarettini-Kekse hinzufügen möchtest, rühre sie jetzt in die Mischung ein, um dem Eis eine zusätzliche Textur und Geschmackstiefe zu verleihen.

Fülle die fertige Amaretto-Mischung in den Becher deiner Ninja Creami und verschließe ihn sicher. Stelle den Becher dann für mindestens 24 Stunden in den Gefrierschrank, damit die Mischung vollständig durchfrieren kann.

Sobald die Mischung gut durchgefroren ist, setze den Becher in die Ninja Creami ein und wähle das Programm für „Eiscreme". Die Maschine verwandelt die gefrorene Masse in eine herrlich cremige Amaretto-Eiscreme.

Ein Hauch Italien in deinem Eisbecher – dieses Amaretto-Eis ist der pure Genuss. Der feine Mandelgeschmack des Amarettos, eingefangen in einer cremigen Eiscreme, sorgt für einen luxuriösen Moment, der dich an laue Sommerabende in Italien erinnert. Ein echtes Highlight!

Ananas-Joghurt Eis

Programm: ICE CREAM

Zutaten

für die Ninja Creami:

150 g frische Ananas, gewürfelt (oder Ananas aus der Dose, gut abgetropft)
150 g griechischer Joghurt (mind. 10% Fett)
100 ml Vollmilch
70 g Zucker
1/3 TL Guarkernmehl
1 Prise Salz
120 ml Sahne (mind. 30% Fett)

für die Ninja Creami Deluxe:

230 g frische Ananas, gewürfelt (oder Ananas aus der Dose, gut abgetropft)
230 g griechischer Joghurt (mind. 10% Fett)
150 ml Vollmilch
105 g Zucker
1/2 TL Guarkernmehl
1 Prise Salz
180 ml Sahne (mind. 30% Fett)

Zubereitung

Schneide die frische Ananas in kleine Würfel und püriere sie in einem Mixer oder mit einem Stabmixer, bis sie eine glatte Konsistenz hat. Wenn du eine besonders feine Textur bevorzugst, kannst du das Püree durch ein Sieb streichen.

In einer großen Schüssel vermischst du das Ananaspüree mit dem griechischen Joghurt, der Vollmilch, dem Zucker, dem Guarkernmehl und einer Prise Salz. Rühre die Mischung gründlich durch, bis der Zucker sich vollständig aufgelöst hat und das Guarkernmehl gleichmäßig verteilt ist.

Gib die Sahne hinzu und rühre sie vorsichtig unter die Ananas-Joghurt-Mischung, bis alles gut verbunden ist. Achte darauf, die Sahne sanft einzumischen, um die cremige Konsistenz des Eises zu bewahren.

Fülle die fertige Ananas-Joghurt-Mischung in den Becher deiner Ninja Creami und verschließe ihn sicher. Stelle den Becher dann für mindestens 24 Stunden in den Gefrierschrank, damit die Mischung vollständig durchfrieren kann.

Sobald die Mischung gut durchgefroren ist, setze den Becher in die Ninja Creami ein und wähle das Programm für „Eiscreme". Die Maschine verwandelt die gefrorene Masse in eine herrlich cremige Ananas-Joghurt-Eiscreme.

Tropische Frische für deinen Eisbecher – dieses Ananas-Joghurt-Eis bringt die exotische Süße der Ananas in Kombination mit der leichten Cremigkeit von Joghurt. Perfekt für alle, die es fruchtig und erfrischend mögen. Ein kleiner Tropenurlaub in jedem Löffel!

Aprikosen Eis

Programm: ICE CREAM

Zutaten

für die Ninja Creami:

200 g reife Aprikosen (ca. 4-5 Aprikosen)
100 ml Vollmilch
80 g Zucker
1/3 TL Guarkernmehl
1 Prise Salz
120 ml Sahne (mind. 30% Fett)

für die Ninja Creami Deluxe:

300 g reife Aprikosen (ca. 5-7 Aprikosen)
150 ml Vollmilch
120 g Zucker
1/2 TL Guarkernmehl
1 Prise Salz
180 ml Sahne (mind. 30% Fett)

Zubereitung

Wasche die Aprikosen, halbiere sie, entferne die Kerne und schneide das Fruchtfleisch in kleine Stücke. Püriere die Aprikosenstücke in einem Mixer oder mit einem Stabmixer, bis sie eine glatte Konsistenz haben. Du kannst das Püree durch ein Sieb streichen, um eine besonders feine Textur zu erhalten.

In einer großen Schüssel vermischst du das Aprikosenpüree mit der Vollmilch, dem Zucker, dem Guarkernmehl und einer Prise Salz. Rühre die Mischung gründlich durch, bis der Zucker sich vollständig aufgelöst hat und das Guarkernmehl gleichmäßig verteilt ist.

Gib die Sahne hinzu und rühre sie vorsichtig unter die Aprikosen-Mischung, bis alles gut verbunden ist. Achte darauf, die Sahne sanft einzurühren, um die cremige Konsistenz des Eises zu bewahren.

Fülle die fertige Aprikosen-Mischung in den Becher deiner Ninja Creami und verschließe ihn sicher. Stelle den Becher dann für mindestens 24 Stunden in den Gefrierschrank, damit die Mischung vollständig durchfrieren kann.

Sobald die Mischung gut durchgefroren ist, setze den Becher in die Ninja Creami ein und wähle das Programm für „Eiscreme". Die Maschine verwandelt die gefrorene Masse in eine herrlich cremige Aprikosen-Eiscreme.

Die Süße reifer Aprikosen, eingefangen in einer zarten Eiscreme – dieses Aprikosen-Eis ist ein echter Genuss für alle, die es fruchtig und sommerlich mögen. Perfekt, um sich an die warmen Tage des Jahres zu erinnern. Einfach unwiderstehlich!

Bananen-Joghurt Eis

Nährwerte je 100g ca.			
150 kcal	8 g	16 g	3 g
Kalorien	Fett	Kohlenhydrate	Eiweis

Programm: ICE CREAM

Zutaten

für die Ninja Creami:

150 g reife Bananen (ca. 1-2 Bananen)
150 g griechischer Joghurt (mind. 10% Fett)
100 ml Vollmilch
70 g Zucker
1/3 TL Guarkernmehl
1 Prise Salz
120 ml Sahne (mind. 30% Fett)
Optional: 1 TL Zitronensaft, um die Bananen-
farbe zu erhalten und eine leichte Frische

für die Ninja Creami Deluxe:

230 g reife Bananen (ca. 2-3 Bananen)
230 g griechischer Joghurt (mind. 10% Fett)
150 ml Vollmilch
105 g Zucker
1/2 TL Guarkernmehl
1 Prise Salz
180 ml Sahne (mind. 30% Fett)
Optional: 1-2 TL Zitronensaft, um die Bana-
nenfarbe zu erhalten und eine leichte Frische

Zubereitung

Schäle die reifen Bananen und schneide sie in Stücke. Püriere die Bananenstücke in einem Mixer oder mit einem Stabmixer, bis sie eine glatte Konsistenz haben. Wenn du möchtest, füge den Zitronensaft hinzu, um die Farbe zu erhalten und einen Hauch von Frische hinzuzufügen.

In einer großen Schüssel vermischst du das Bananenpüree mit dem griechischen Joghurt, der Vollmilch, dem Zucker, dem Guarkernmehl und einer Prise Salz. Rühre die Mischung gründlich durch, bis der Zucker sich vollständig aufgelöst hat und das Guarkernmehl gleichmäßig verteilt ist.

Gib die Sahne hinzu und rühre sie vorsichtig unter die Bananen-Joghurt-Mischung, bis alles gut verbunden ist. Achte darauf, die Sahne sanft einzumischen, um die cremige Konsistenz des Eises zu bewahren.

Fülle die fertige Bananen-Joghurt-Mischung in den Becher deiner Ninja Creami und verschließe ihn sicher. Stelle den Becher dann für mindestens 24 Stunden in den Gefrierschrank, damit die Mischung vollständig durchfrieren kann.

Sobald die Mischung gut durchgefroren ist, setze den Becher in die Ninja Creami ein und wähle das Programm für „Eiscreme".

Fruchtig und cremig zugleich – dieses Bananen-Joghurt-Eis ist der perfekte Genuss für heiße Tage. Der süße Geschmack der Bananen trifft auf die leichte Frische des Joghurts und macht dieses Eis zu einem sommerlichen Vergnügen, das man sich nicht entgehen lassen sollte!

Brombeeren-Joghurt Eis

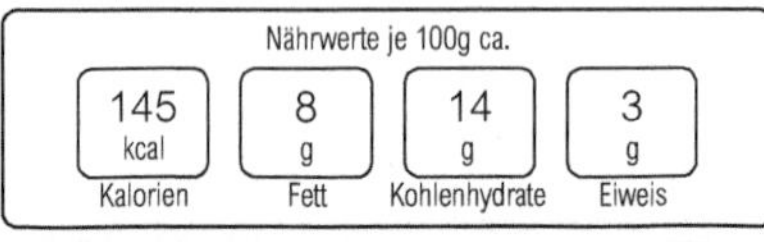

Programm: ICE CREAM

Zutaten

für die Ninja Creami:

150 g frische Brombeeren (oder gefrorene, aufgetaut)
150 g griechischer Joghurt (mind. 10% Fett)
100 ml Vollmilch
80 g Zucker
1/3 TL Guarkernmehl
1 Prise Salz
120 ml Sahne (mind. 30% Fett)

für die Ninja Creami Deluxe:

230 g frische Brombeeren (oder gefrorene, aufgetaut)
230 g griechischer Joghurt (mind. 10% Fett)
150 ml Vollmilch
120 g Zucker
1/2 TL Guarkernmehl
1 Prise Salz
180 ml Sahne (mind. 30% Fett)

Zubereitung

Wasche die frischen Brombeeren gründlich. Püriere die Brombeeren in einem Mixer oder mit einem Stabmixer, bis sie eine glatte Konsistenz haben. Du kannst das Püree durch ein Sieb streichen, um die Kerne zu entfernen, wenn du eine besonders feine Textur bevorzugst.

In einer großen Schüssel vermischst du das Brombeerpüree mit dem griechischen Joghurt, der Vollmilch, dem Zucker, dem Guarkernmehl und einer Prise Salz. Rühre die Mischung gründlich durch, bis der Zucker sich vollständig aufgelöst hat und das Guarkernmehl gleichmäßig verteilt ist.

Gib die Sahne hinzu und rühre sie vorsichtig unter die Brombeer-Joghurt-Mischung, bis alles gut verbunden ist. Achte darauf, die Sahne sanft einzumischen, um die cremige Konsistenz des Eises zu bewahren.

Fülle die fertige Brombeer-Joghurt-Mischung in den Becher deiner Ninja Creami und verschließe ihn sicher. Stelle den Becher dann für mindestens 24 Stunden in den Gefrierschrank, damit die Mischung vollständig durchfrieren kann.

Sobald die Mischung gut durchgefroren ist, setze den Becher in die Ninja Creami ein und wähle das Programm für „Eiscreme". Die Maschine verwandelt die gefrorene Masse in eine herrlich cremige Brombeer-Joghurt-Eiscreme.

Dieses Brombeeren-Joghurt-Eis bringt die süß-säuerliche Frische von Brombeeren in eine cremige Joghurtbasis. Ein perfektes Eis für alle, die fruchtige Erfrischungen lieben und sich nach einem sommerlichen Genuss sehnen. Ein echtes Geschmackserlebnis!

Cappuccino Eis

Zutaten

für die Ninja Creami:

100 ml starker Espresso, abgekühlt
150 ml Vollmilch
80 g Zucker
1/3 TL Guarkernmehl
1 Prise Salz
200 ml Sahne (mind. 30% Fett)
Optional: 1 TL Instant-Espressopulver für
einen intensiveren Kaffeegeschmack

für die Ninja Creami Deluxe:

150 ml starker Espresso, abgekühlt
230 ml Vollmilch
120 g Zucker
1/2 TL Guarkernmehl
1 Prise Salz
300 ml Sahne (mind. 30% Fett)
Optional: 1-2 TL Instant-Espressopulver für
einen intensiveren Kaffeegeschmack

Zubereitung

In einer großen Schüssel vermischst du den abgekühlten Espresso (und optional das Instant-Espressopulver), die Vollmilch, den Zucker, das Guarkernmehl und eine Prise Salz. Rühre die Mischung gründlich durch, bis der Zucker sich vollständig aufgelöst hat und das Guarkernmehl gleichmäßig verteilt ist.

Gib die Sahne hinzu und rühre sie vorsichtig unter die Cappuccino-Mischung, bis alles gut verbunden ist. Achte darauf, die Sahne sanft einzumischen, um die cremige Konsistenz des Eises zu bewahren.

Fülle die fertige Cappuccino-Mischung in den Becher deiner Ninja Creami und verschließe ihn sicher. Stelle den Becher dann für mindestens 24 Stunden in den Gefrierschrank, damit die Mischung vollständig durchfrieren kann.

Sobald die Mischung gut durchgefroren ist, setze den Becher in die Ninja Creami ein und wähle das Programm für „Eiscreme". Die Maschine verwandelt die gefrorene Masse in eine herrlich cremige Cappuccino-Eiscreme.

Kaffeeliebhaber aufgepasst – dieses Cappuccino-Eis bringt den vollen Geschmack eines cremigen Cappuccinos in eine kühle, erfrischende Form. Perfekt für eine kleine Auszeit zwischendurch oder als Highlight nach dem Essen. Einfach unwiderstehlich!

Cheesecake Eis

Programm: ICE CREAM

Zutaten

für die Ninja Creami:

150 g Frischkäse (vollfett, z.B. Philadelphia)
150 ml Vollmilch
80 g Zucker
1/3 TL Guarkernmehl
1 Prise Salz
150 ml Sahne (mind. 30% Fett)
Optional: 1 TL Zitronensaft für einen frischen Geschmack
Optional: 2-3 zerbröselte Butterkekse

für die Ninja Creami Deluxe:

230 g Frischkäse (vollfett, z.B. Philadelphia)
230 ml Vollmilch
120 g Zucker
1/2 TL Guarkernmehl
1 Prise Salz
230 ml Sahne (mind. 30% Fett)
Optional: 1-2 TL Zitronensaft für einen frischen Geschmack
Optional: 3-4 zerbröselte Butterkekse

Zubereitung

In einer großen Schüssel vermischst du den Frischkäse mit der Vollmilch, dem Zucker, dem Guarkernmehl und einer Prise Salz. Wenn du einen frischeren Geschmack möchtest, füge den Zitronensaft hinzu. Rühre die Mischung gründlich durch, bis der Frischkäse und der Zucker vollständig aufgelöst sind und die Masse glatt ist.

Gib die Sahne hinzu und rühre sie vorsichtig unter die Frischkäse-Mischung, bis alles gut verbunden ist. Achte darauf, die Sahne sanft einzumischen, um die cremige Konsistenz des Eises zu bewahren.

Wenn du möchtest, kannst du jetzt die zerbröselten Butterkekse oder Graham Cracker unter die Mischung heben, um dem Eis eine zusätzliche Textur zu verleihen.

Fülle die fertige Cheesecake-Mischung in den Becher deiner Ninja Creami und verschließe ihn sicher. Stelle den Becher dann für mindestens 24 Stunden in den Gefrierschrank, damit die Mischung vollständig durchfrieren kann.

obald die Mischung gut durchgefroren ist, setze den Becher in die Ninja Creami ein und wähle das Programm für „Eiscreme". Die Maschine verwandelt die gefrorene Masse in eine herrlich cremige Cheesecake-Eiscreme.

Cheesecake als Eis? Ja, bitte! Diese cremige Eiskreation bringt den vollen Geschmack des beliebten Kuchens in eine unwiderstehliche Eisform. Perfekt für alle, die den süßen Geschmack von Cheesecake lieben und ihn in einer neuen, kühlen Variante genießen möchten.

Christstollen Eis

Programm: ICE CREAM

Zutaten

für die Ninja Creami:

150 g Frischkäse (vollfett, z.B. Philadelphia)
150 ml Vollmilch
80 g Zucker
1/3 TL Guarkernmehl
150 ml Sahne (mind. 30% Fett)
1 TL Rum oder Rum-Aroma
50 g gemischte Trockenfrüchte
20 g gehackte Mandeln
1/2 TL Zimt

für die Ninja Creami Deluxe:

230 g Frischkäse (vollfett, z.B. Philadelphia)
230 ml Vollmilch
120 g Zucker
1/2 TL Guarkernmehl
230 ml Sahne (mind. 30% Fett)
1-2 TL Rum oder Rum-Aroma
75 g gemischte Trockenfrüchte
30 g gehackte Mandeln
1/2-1 TL Zimt

Zubereitung

In einer großen Schüssel vermischst du den Frischkäse mit der Vollmilch, dem Zucker, dem Guarkernmehl und einer Prise Salz. Rühre die Mischung gründlich durch, bis der Frischkäse und der Zucker vollständig aufgelöst sind und die Masse schön glatt ist.

Füge den Rum oder das Rum-Aroma, Zimt, und optional Kardamom und Muskatnuss hinzu. Rühre alles gut unter, damit die Aromen sich gleichmäßig verteilen.

Gib die Sahne hinzu und rühre sie vorsichtig unter die Frischkäse-Mischung, bis alles gut verbunden ist. Achte darauf, die Sahne sanft einzumischen, um die cremige Konsistenz des Eises zu bewahren.

Hebe die gemischten Trockenfrüchte und gehackten Mandeln unter die Mischung. Diese Zutaten sorgen für die typische Christstollen-Textur und das Aroma.

Fülle die fertige Christstollen-Mischung in den Becher deiner Ninja Creami und verschließe ihn sicher. Stelle den Becher dann für mindestens 24 Stunden in den Gefrierschrank, damit die Mischung vollständig durchfrieren kann.

Sobald die Mischung gut durchgefroren ist, setze den Becher in die Ninja Creami ein und wähle das Programm für „Eiscreme".

Weihnachten das ganze Jahr über? Mit diesem Christstollen-Eis ist das möglich! Die würzigen Aromen von Christstollen, kombiniert mit einer cremigen Eisgrundlage, machen dieses Eis zu einem besonderen Genuss, der Erinnerungen weckt. Einfach genießen und in Weihnachtsstimmung kommen!

Eierlikör Eis

Programm: ICE CREAM

Zutaten

für die Ninja Creami:

150 ml Eierlikör
150 ml Vollmilch
80 g Zucker
1/3 TL Guarkernmehl
1 Prise Salz
150 ml Sahne (mind. 30% Fett)

für die Ninja Creami Deluxe:

230 ml Eierlikör
230 ml Vollmilch
120 g Zucker
1/2 TL Guarkernmehl
1 Prise Salz
230 ml Sahne (mind. 30% Fett)

Zubereitung

In einer großen Schüssel vermischst du den Eierlikör, die Vollmilch, den Zucker, das Guarkernmehl und eine Prise Salz. Rühre die Mischung gründlich durch, bis der Zucker sich vollständig aufgelöst hat und das Guarkernmehl gleichmäßig verteilt ist.

Gib die Sahne hinzu und rühre sie vorsichtig unter die Eierlikör-Mischung, bis alles gut verbunden ist. Achte darauf, die Sahne sanft einzurühren, um die cremige Konsistenz des Eises zu bewahren.

Fülle die fertige Eierlikör-Mischung in den Becher deiner Ninja Creami und verschließe ihn sicher. Stelle den Becher anschließend für mindestens 24 Stunden in den Gefrierschrank, damit die Mischung vollständig durchfrieren kann.

Sobald die Mischung gut durchgefroren ist, setze den Becher in die Ninja Creami ein und wähle das Programm für „Eiscreme". Die Maschine verwandelt die gefrorene Masse in eine wunderbar cremige Eierlikör-Eiscreme.

Eierlikör trifft auf cremiges Eis – eine Kombination, die einfach unschlagbar ist. Der feine Geschmack des Eierlikörs, eingefangen in einer samtigen Eiscreme, sorgt für einen luxuriösen Genussmoment. Perfekt für alle, die es gerne süß und ein wenig luxuriös mögen!

Cheesecake-Zitronen Eis

Nährwerte je 100g ca.

195 kcal	13 g	15 g	3 g
Kalorien	Fett	Kohlenhydrate	Eiweis

Programm: ICE CREAM

Zutaten

für die Ninja Creami:

150 g Frischkäse (vollfett, z.B. Philadelphia)
150 ml Vollmilch
80 g Zucker
1/3 TL Guarkernmehl
1 Prise Salz
100 ml frischer Zitronensaft (ca. 2-3 Zitronen)
150 ml Sahne (mind. 30% Fett)
Optional: 2-3 zerbröselte Butterkekse

für die Ninja Creami Deluxe:

230 g Frischkäse (vollfett, z.B. Philadelphia)
230 ml Vollmilch
120 g Zucker
1/2 TL Guarkernmehl
1 Prise Salz
150 ml frischer Zitronensaft (ca. 3-4 Zitronen)
230 ml Sahne (mind. 30% Fett)
Optional: 3-4 zerbröselte Butterkekse

Zubereitung

In einer großen Schüssel vermischst du den Frischkäse mit der Vollmilch, dem Zucker, dem Guarkernmehl und einer Prise Salz. Rühre die Mischung gründlich durch, bis der Frischkäse und der Zucker vollständig aufgelöst sind und die Masse schön glatt ist.

Füge den Zitronensaft und, falls gewünscht, etwas abgeriebene Zitronenschale hinzu. Rühre alles gut unter, damit die Zitronenaromen sich gleichmäßig verteilen.

Gib die Sahne hinzu und rühre sie vorsichtig unter die Frischkäse-Zitronen-Mischung, bis alles gut verbunden ist. Achte darauf, die Sahne sanft einzumischen, um die cremige Konsistenz des Eises zu bewahren.

Optionale Kekse hinzufügen: Wenn du möchtest, kannst du jetzt die zerbröselten Butterkekse oder Graham Cracker unter die Mischung heben, um dem Eis eine zusätzliche Textur zu verleihen.

Fülle die fertige Cheesecake-Zitronen-Mischung in den Becher deiner Ninja Creami und verschließe ihn sicher. Stelle den Becher dann für mindestens 24 Stunden in den Gefrierschrank, damit die Mischung vollständig durchfrieren kann.

Sobald die Mischung gut durchgefroren ist, setze den Becher in die Ninja Creami ein und wähle das Programm für „Eiscreme".

Zitronenfrische trifft auf cremigen Cheesecake – ein Genuss, der einfach unschlagbar ist. Dieses Eis vereint die leichte Säure der Zitrone mit der Cremigkeit des Cheesecakes und sorgt für ein erfrischendes Geschmackserlebnis, das du nicht verpassen solltest.

Dominosteine Eis

Programm: ICE CREAM

Zutaten

Zubereitung

für die Ninja Creami:

150 g Frischkäse (vollfett, z.B. Philadelphia)
150 ml Vollmilch
80 g Zucker
1/3 TL Guarkernmehl
1 Prise Salz
100 ml Sahne (mind. 30% Fett)
50 g Dominosteine, klein gewürfelt
1 TL Kakaopulver
1/4 TL Zimt oder Lebkuchengewürz

für die Ninja Creami Deluxe:

230 g Frischkäse (vollfett, z.B. Philadelphia)
230 ml Vollmilch
120 g Zucker
1/2 TL Guarkernmehl
1 Prise Salz
150 ml Sahne (mind. 30% Fett)
75 g Dominosteine, klein gewürfelt
1-2 TL Kakaopulver
1/4 -1/2 TL Zimt oder Lebkuchengewürz

In einer großen Schüssel vermischst du den Frischkäse mit der Vollmilch, dem Zucker, dem Guarkernmehl und einer Prise Salz. Rühre die Mischung gründlich durch, bis der Frischkäse und der Zucker vollständig aufgelöst sind und die Masse schön glatt ist.

Füge das Kakaopulver und, falls gewünscht, den Zimt oder das Lebkuchengewürz hinzu. Rühre alles gut unter, damit sich die Aromen gleichmäßig verteilen.

Gib die Sahne hinzu und rühre sie vorsichtig unter die Frischkäse-Mischung, bis alles gut verbunden ist. Achte darauf, die Sahne sanft einzumischen, um die cremige Konsistenz des Eises zu bewahren.

Hebe die klein gewürfelten Dominosteine vorsichtig unter die Mischung. Sie sorgen für die typische Dominosteine-Textur und den Geschmack im Eis.

Fülle die fertige Dominosteine-Mischung in den Becher deiner Ninja Creami und verschließe ihn sicher. Stelle den Becher dann für mindestens 24 Stunden in den Gefrierschrank, damit die Mischung vollständig durchfrieren kann.

Sobald die Mischung gut durchgefroren ist, setze den Becher in die Ninja Creami ein und wähle das Programm für „Eiscreme".

Ein Hauch Weihnachten in jedem Löffel – dieses Dominosteine-Eis bringt die würzigen Aromen der beliebten Weihnachtsleckerei in eine cremige Eisform. Perfekt für alle, die sich das ganze Jahr über ein bisschen Weihnachtsstimmung wünschen. Einfach himmlisch!

Erdbeeren-Joghurt Eis

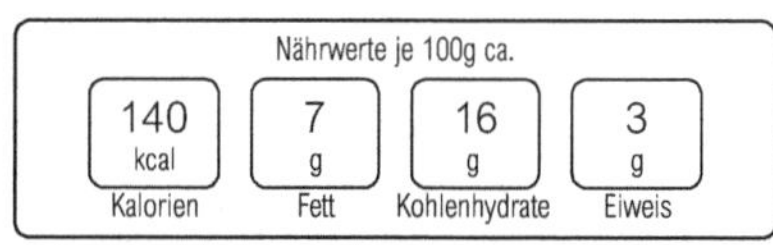

Nährwerte je 100g ca.			
140 kcal	7 g	16 g	3 g
Kalorien	Fett	Kohlenhydrate	Eiweis

Programm: ICE CREAM

Zutaten

für die Ninja Creami:

150 g frische Erdbeeren (oder gefrorene, aufgetaut)
150 g griechischer Joghurt (mind. 10% Fett)
100 ml Vollmilch
80 g Zucker
1/3 TL Guarkernmehl
1 Prise Salz
120 ml Sahne (mind. 30% Fett)

für die Ninja Creami Deluxe:

230 g frische Erdbeeren (oder gefrorene, aufgetaut)
230 g griechischer Joghurt (mind. 10% Fett)
150 ml Vollmilch
120 g Zucker
1/2 TL Guarkernmehl
1 Prise Salz
180 ml Sahne (mind. 30% Fett)

Zubereitung

Wasche die frischen Erdbeeren gründlich, entferne die grünen Blätter und schneide die Früchte in kleine Stücke. Püriere die Erdbeeren in einem Mixer oder mit einem Stabmixer, bis sie eine glatte Konsistenz haben. Wenn du eine besonders feine Textur bevorzugst, kannst du das Püree durch ein Sieb streichen.

In einer großen Schüssel vermischst du das Erdbeerpüree mit dem griechischen Joghurt, der Vollmilch, dem Zucker, dem Guarkernmehl und einer Prise Salz. Rühre die Mischung gründlich durch, bis der Zucker sich vollständig aufgelöst hat und das Guarkernmehl gleichmäßig verteilt ist.

Gib die Sahne hinzu und rühre sie vorsichtig unter die Erdbeer-Joghurt-Mischung, bis alles gut verbunden ist. Achte darauf, die Sahne sanft einzumischen, um die cremige Konsistenz des Eises zu bewahren.

Fülle die fertige Erdbeer-Joghurt-Mischung in den Becher deiner Ninja Creami und verschließe ihn sicher. Stelle den Becher dann für mindestens 24 Stunden in den Gefrierschrank, damit die Mischung vollständig durchfrieren kann.

Sobald die Mischung gut durchgefroren ist, setze den Becher in die Ninja Creami ein und wähle das Programm für „Eiscreme".

Fruchtig und leicht – das Erdbeer-Joghurt-Eis ist der perfekte Genuss für heiße Sommertage. Die süßen Erdbeeren und die leichte Frische des Joghurts machen dieses Eis zu einem fruchtigen Vergnügen, das du dir nicht entgehen lassen solltest!

Feigen Eis

Nährwerte je 100g ca.			
165 kcal	9 g	19 g	2 g
Kalorien	Fett	Kohlenhydrate	Eiweis

Programm: ICE CREAM

Zutaten

für die Ninja Creami:

200 g frische Feigen (oder getrocknete Feigen, vorher in Wasser eingeweicht)
150 ml Vollmilch
80 g Zucker
1/3 TL Guarkernmehl
1 Prise Salz
150 ml Sahne (mind. 30% Fett)
Optional: 1 TL Zitronensaft für eine leichte Frische

für die Ninja Creami Deluxe:

300 g frische Feigen (oder getrocknete Feigen, vorher in Wasser eingeweicht)
230 ml Vollmilch
120 g Zucker
1/2 TL Guarkernmehl
1 Prise Salz
230 ml Sahne (mind. 30% Fett)
Optional: 1-2 TL Zitronensaft für eine leichte Frische

Zubereitung

Wasche die frischen Feigen gründlich, entferne die Stielansätze und schneide die Früchte in kleine Stücke. Püriere die Feigen in einem Mixer oder mit einem Stabmixer, bis sie eine glatte Konsistenz haben. Wenn du eine feine Textur bevorzugst, kannst du das Püree durch ein Sieb streichen.

In einer großen Schüssel vermischst du das Feigenpüree mit der Vollmilch, dem Zucker, dem Guarkernmehl und einer Prise Salz. Falls du eine leichte Frische hinzufügen möchtest, gib den Zitronensaft hinzu. Rühre die Mischung gründlich durch, bis der Zucker sich vollständig aufgelöst hat und das Guarkernmehl gleichmäßig verteilt ist.

Gib die Sahne hinzu und rühre sie vorsichtig unter die Feigen-Mischung, bis alles gut verbunden ist. Achte darauf, die Sahne sanft einzumischen, um die cremige Konsistenz des Eises zu bewahren.

Fülle die fertige Feigen-Mischung in den Becher deiner Ninja Creami und verschließe ihn sicher. Stelle den Becher anschließend für mindestens 24 Stunden in den Gefrierschrank, damit die Mischung vollständig durchfrieren kann.

Sobald die Mischung gut durchgefroren ist, setze den Becher in die Ninja Creami ein und wähle das Programm für „Eiscreme".

Exotisch und süß – dieses Feigen-Eis bringt den vollen Geschmack reifer Feigen in eine cremige Eiskreation. Ein Genuss, der dich mit jedem Löffel in die warme Sonne des Südens entführt. Perfekt für alle, die es fruchtig und ein wenig exotisch mögen!

Erdbeeren-Mascarpone Eis

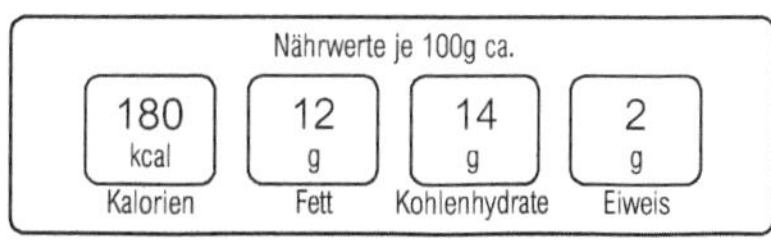

Programm: ICE CREAM

Zutaten

für die Ninja Creami:

150 g frische Erdbeeren (oder gefrorene, aufgetaut)
100 g Mascarpone
100 ml Vollmilch
80 g Zucker
1/3 TL Guarkernmehl
1 Prise Salz
120 ml Sahne (mind. 30% Fett)
Optional: 1 TL Zitronensaft

für die Ninja Creami Deluxe:

230 g frische Erdbeeren (oder gefrorene, aufgetaut)
150 g Mascarpone
150 ml Vollmilch
120 g Zucker
1/2 TL Guarkernmehl
1 Prise Salz
180 ml Sahne (mind. 30% Fett)
Optional: 1-2 TL Zitronensaft

Zubereitung

Wasche die frischen Erdbeeren gründlich, entferne die grünen Blätter und schneide die Früchte in kleine Stücke. Püriere die Erdbeeren in einem Mixer oder mit einem Stabmixer, bis sie eine glatte Konsistenz haben.

In einer großen Schüssel vermischst du den Mascarpone mit der Vollmilch, dem Zucker, dem Guarkernmehl und einer Prise Salz. Rühre die Mischung gründlich durch, bis der Mascarpone und der Zucker vollständig aufgelöst sind und die Masse schön glatt ist. Falls du möchtest, füge den Zitronensaft hinzu, um eine frische Note hinzuzufügen. Gib das Erdbeerpüree hinzu und rühre es vorsichtig unter die Mascarpone-Mischung, bis alles gut verbunden ist.

Füge die Sahne hinzu und rühre sie sanft unter die Erdbeer-Mascarpone-Mischung, bis eine gleichmäßige, cremige Masse entsteht.

Fülle die fertige Erdbeer-Mascarpone-Mischung in den Becher deiner Ninja Creami und verschließe ihn sicher. Stelle den Becher dann für mindestens 24 Stunden in den Gefrierschrank, damit die Mischung vollständig durchfrieren kann.

Zubereitung in der Ninja Creami: Sobald die Mischung gut durchgefroren ist, setze den Becher in die Ninja Creami ein und wähle das Programm für „Eiscreme".

Erdbeeren und Mascarpone – ein Dreamteam, das in diesem Eis perfekt harmoniert. Die süßen Erdbeeren und die samtige Mascarponecreme sorgen für ein luxuriöses Eis, das einfach himmlisch schmeckt. Ein Muss für alle, die es gerne cremig und fruchtig mögen!

Giotto Eis

Programm: ICE CREAM

Zutaten

für die Ninja Creami:

100 g Giotto-Pralinen (ca. 10-12 Stück), grob zerkleinert
150 ml Vollmilch
80 g Zucker
1/3 TL Guarkernmehl
1 Prise Salz
150 ml Sahne (mind. 30% Fett)
Optional: 1 TL Haselnuss-Aroma für einen intensiveren Geschmack

für die Ninja Creami Deluxe:

150 g Giotto-Pralinen (ca. 10-12 Stück), grob zerkleinert
230 ml Vollmilch
120 g Zucker
1/2 TL Guarkernmehl
1 Prise Salz
230 ml Sahne (mind. 30% Fett)
Optional: 1-2 TL Haselnuss-Aroma für einen intensiveren Geschmack

Zubereitung

Zerkleinere die Giotto-Pralinen grob in kleine Stücke. Ein Teil kann sehr fein gehackt werden, um das Eis cremiger zu machen, während größere Stücke dem Eis eine interessante Textur verleihen.

In einer großen Schüssel vermischst du die Vollmilch, den Zucker, das Guarkernmehl und eine Prise Salz. Rühre die Mischung gründlich durch, bis sich der Zucker vollständig aufgelöst hat und das Guarkernmehl gleichmäßig verteilt ist.

Gib die Sahne hinzu und rühre sie vorsichtig unter die Mischung. Hebe die zerkleinerten Giotto-Pralinen (und optional den Haselnusslikör oder das Haselnuss-Aroma) unter, bis alles gut verbunden ist. Falls du zusätzliche Haselnüsse verwenden möchtest, kannst du diese jetzt ebenfalls unterheben.

Fülle die fertige Giotto-Mischung in den Becher deiner Ninja Creami und verschließe ihn sicher. Stelle den Becher anschließend für mindestens 24 Stunden in den Gefrierschrank, damit die Mischung vollständig durch-frieren kann.

Sobald die Mischung vollständig durchgefroren ist, setze den Becher in die Ninja Creami ein und wähle das Programm für „Eiscreme". Die Maschine verwandelt die gefrorene Masse in eine herrlich cremige Giotto-Eis-creme.

Der unverwechselbare Geschmack von Giotto, eingefangen in einer köstlichen Eiscreme – ein Genuss, der die feinen Aromen von Nüssen und Schokolade perfekt kombiniert. Perfekt für alle, die sich ein kleines bisschen Luxus gönnen möchten.

Heidelbeeren-Joghurt Eis

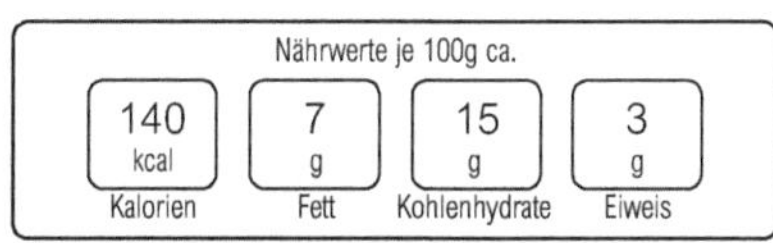

Programm: ICE CREAM

Zutaten

für die Ninja Creami:

150 g frische Heidelbeeren (oder gefrorene, aufgetaut)
150 g griechischer Joghurt (mind. 10% Fett)
100 ml Vollmilch
80 g Zucker
1/3 TL Guarkernmehl
1 Prise Salz
120 ml Sahne (mind. 30% Fett)

für die Ninja Creami Deluxe:

230 g frische Heidelbeeren (oder gefrorene, aufgetaut)
230 g griechischer Joghurt (mind. 10% Fett)
150 ml Vollmilch
120 g Zucker
1/2 TL Guarkernmehl
1 Prise Salz
180 ml Sahne (mind. 30% Fett)

Zubereitung

Wasche die frischen Heidelbeeren gründlich. Püriere die Heidelbeeren in einem Mixer oder mit einem Stabmixer, bis sie eine glatte Konsistenz haben. Du kannst das Püree durch ein Sieb streichen, um die Kerne zu entfernen, falls du eine besonders feine Textur bevorzugst.

In einer großen Schüssel vermischst du das Heidelbeerpüree mit dem griechischen Joghurt, der Vollmilch, dem Zucker, dem Guarkernmehl und einer Prise Salz. Rühre die Mischung gründlich durch, bis der Zucker sich vollständig aufgelöst hat und das Guarkernmehl gleichmäßig verteilt ist.

Gib die Sahne hinzu und rühre sie vorsichtig unter die Heidelbeer-Joghurt-Mischung, bis alles gut verbunden ist. Achte darauf, die Sahne sanft einzumischen, um die cremige Konsistenz des Eises zu bewahren.

Fülle die fertige Heidelbeer-Joghurt-Mischung in den Becher deiner Ninja Creami und verschließe ihn sicher. Stelle den Becher anschließend für mindestens 24 Stunden in den Gefrierschrank, damit die Mischung vollständig durchfrieren kann.

Sobald die Mischung vollständig durchgefroren ist, setze den Becher in die Ninja Creami ein und wähle das Programm für „Eiscreme".

Heidelbeeren und Joghurt – die perfekte Kombination für ein leichtes, erfrischendes Eis. Die süßen Beeren und der cremige Joghurt machen dieses Eis zu einem fruchtigen Vergnügen, das du dir an heißen Tagen gönnen solltest.

Granatapfel Eis

Programm: ICE CREAM

Zutaten

für die Ninja Creami:

200 ml Granatapfelsaft (frisch gepresst oder aus 100% Granatapfelsaft)
100 ml Vollmilch
80 g Zucker
1/3 TL Guarkernmehl
1 Prise Salz
150 ml Sahne (mind. 30% Fett)
Optional: 50 g Granatapfelkerne für zusätzlichen Crunch und frischen Geschmack

für die Ninja Creami Deluxe:

300 ml Granatapfelsaft (frisch gepresst oder aus 100% Granatapfelsaft)
150 ml Vollmilch
120 g Zucker
1/2 TL Guarkernmehl
1 Prise Salz
230 ml Sahne (mind. 30% Fett)
Optional: 75 g Granatapfelkerne für zusätzlichen Crunch und frischen Geschmack

Zubereitung

Wenn du frischen Granatapfelsaft verwenden möchtest, presse die Granatapfelkerne, um den Saft zu gewinnen. Alternativ kannst du auch fertigen Granatapfelsaft aus 100% Fruchtgehalt verwenden.

In einer großen Schüssel vermischst du den Granatapfelsaft, die Vollmilch, den Zucker, das Guarkernmehl und eine Prise Salz. Rühre die Mischung gründlich durch, bis sich der Zucker vollständig aufgelöst hat und das Guarkernmehl gleichmäßig verteilt ist.

Gib die Sahne hinzu und rühre sie vorsichtig unter die Granatapfel-Mischung, bis alles gut verbunden ist.

Optionale Granatapfelkerne hinzufügen: Wenn du möchtest, kannst du jetzt die Granatapfelkerne unter die Mischung heben, um dem Eis eine zusätzliche Textur und fruchtige Note zu verleihen.

Fülle die fertige Granatapfel-Mischung in den Becher deiner Ninja Creami und verschließe ihn sicher. Stelle den Becher anschließend für mindestens 24 Stunden in den Gefrierschrank, damit die Mischung vollständig durchfrieren kann.

Sobald die Mischung vollständig durchgefroren ist, setze den Becher in die Ninja Creami ein und wähle das Programm für „Eiscreme".

Granatapfel – der exotische Geschmack, eingefangen in einer fruchtigen Eiskreation. Dieses Eis bringt die süß-säuerliche Frische des Granatapfels direkt in deinen Eisbecher. Perfekt für alle, die es fruchtig und ein bisschen außergewöhnlich mögen.

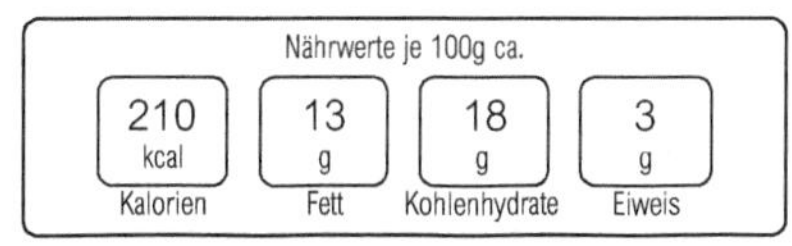

Kinder Bueno Eis

Programm: ICE CREAM

Zutaten

für die Ninja Creami:

2 Kinder Bueno Riegel (ca. 43 g)
200 ml Vollmilch
80 g Zucker
1/3 TL Guarkernmehl
1 Prise Salz
150 ml Sahne (mind. 30% Fett)
Optional: 1 TL Haselnusscreme (z.B. Nutella)
für zusätzlichen Geschmack

für die Ninja Creami Deluxe:

3 Kinder Bueno Riegel (ca. 64 g)
300 ml Vollmilch
120 g Zucker
1/2 TL Guarkernmehl
1 Prise Salz
230 ml Sahne (mind. 30% Fett)
Optional: 1-2 TL Haselnusscreme (z.B. Nutella) für zusätzlichen Geschmack

Zubereitung

Zerbrösele die Kinder Bueno Riegel in kleine Stücke. Du kannst sie grob zerkleinern, um größere Stücke im Eis zu haben, oder feiner zerbröseln, wenn du eine glattere Konsistenz bevorzugst.

In einer großen Schüssel vermischst du die Vollmilch, den Zucker, das Guarkernmehl und eine Prise Salz. Rühre die Mischung gründlich durch, bis sich der Zucker vollständig aufgelöst hat und das Guarkernmehl gleichmäßig verteilt ist.

Gib die Sahne hinzu und rühre sie vorsichtig unter die Mischung. Hebe die zerkleinerten Kinder Bueno Riegel (und optional die Haselnusscreme) unter, bis alles gut verbunden ist.

Fülle die fertige Kinder Bueno-Mischung in den Becher deiner Ninja Creami und verschließe ihn sicher. Stelle den Becher anschließend für mindestens 24 Stunden in den Gefrierschrank, damit die Mischung vollständig durchfrieren kann.

Sobald die Mischung vollständig durchgefroren ist, setze den Becher in die Ninja Creami ein und wähle das Programm für „Eiscreme". Die Maschine verwandelt die gefrorene Masse in eine herrlich cremige Kinder Bueno-Eiscreme.

Der unwiderstehliche Geschmack von Kinder Bueno, vereint in einer cremigen Eiscreme – ein Genuss, der nicht nur Kinderaugen strahlen lässt. Perfekt für alle, die die Kombination aus Schokolade und Haselnuss lieben.

Kirsch Eis

Nährwerte je 100g ca.			
130 kcal	7 g	15 g	2 g
Kalorien	Fett	Kohlenhydrate	Eiweis

Programm: ICE CREAM

Zutaten

für die Ninja Creami:

200 g entsteinte Kirschen (frisch oder aus dem Glas, gut abgetropft)
100 ml Vollmilch
80 g Zucker
1/3 TL Guarkernmehl
1 Prise Salz
150 ml Sahne (mind. 30% Fett)
Optional: 1 TL Zitronensaft für eine leichte Frische

für die Ninja Creami Deluxe:

300 g entsteinte Kirschen (frisch oder aus dem Glas, gut abgetropft)
150 ml Vollmilch
120 g Zucker
1/2 TL Guarkernmehl
1 Prise Salz
230 ml Sahne (mind. 30% Fett)
Optional: 1-2 TL Zitronensaft für eine leichte Frische

Zubereitung

Wenn du frische Kirschen verwendest, wasche sie gründlich, entsteine sie und schneide sie in kleinere Stücke. Püriere die Kirschen in einem Mixer oder mit einem Stabmixer, bis sie eine glatte Konsistenz haben. Falls du eine besonders feine Textur bevorzugst, kannst du das Püree durch ein Sieb streichen.

In einer großen Schüssel vermischst du das Kirschpüree mit der Vollmilch, dem Zucker, dem Guarkernmehl und einer Prise Salz. Falls du den Zitronensaft verwendest, füge ihn jetzt hinzu. Rühre die Mischung gründlich durch, bis der Zucker sich vollständig aufgelöst hat und das Guarkernmehl gleichmäßig verteilt ist.

Gib die Sahne hinzu und rühre sie vorsichtig unter die Kirsch-Mischung, bis alles gut verbunden ist. Achte darauf, die Sahne sanft einzumischen, um die cremige Konsistenz des Eises zu bewahren.

Fülle die fertige Kirsch-Mischung in den Becher deiner Ninja Creami und verschließe ihn sicher. Stelle den Becher anschließend für mindestens 24 Stunden in den Gefrierschrank, damit die Mischung vollständig durchfrieren kann.

Sobald die Mischung vollständig durchgefroren ist, setze den Becher in die Ninja Creami ein und wähle das Programm für „Eiscreme".

Dieses Kirsch-Eis ist ein echter Klassiker. Der süße, fruchtige Geschmack von reifen Kirschen, eingefangen in einer cremigen Eiscreme, macht dieses Eis zu einem Genuss, der einfach immer passt. Ideal für alle, die es fruchtig und klassisch mögen.

Kinderschokolade Eis

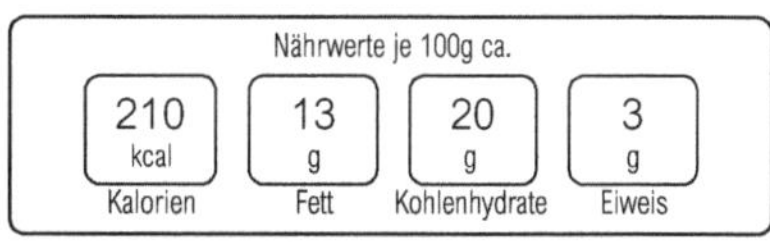

210 kcal	13 g	20 g	3 g
Kalorien	Fett	Kohlenhydrate	Eiweis

Programm: ICE CREAM

Zutaten

für die Ninja Creami:

100 g Kinderschokolade (ca. 8 Riegel)
150 ml Vollmilch
80 g Zucker
1/3 TL Guarkernmehl
1 Prise Salz
150 ml Sahne (mind. 30% Fett)

für die Ninja Creami Deluxe:

150 g Kinderschokolade (ca. 12 Riegel)
230 ml Vollmilch
120 g Zucker
1/2 TL Guarkernmehl
1 Prise Salz
230 ml Sahne (mind. 30% Fett)

Zubereitung

Zerbrich die Kinderschokoladen-Riegel in kleine Stücke. Ein Teil kann fein gehackt werden, um das Eis cremiger zu machen, während größere Stücke dem Eis eine interessante Textur verleihen.

In einer großen Schüssel vermischst du die Vollmilch, den Zucker, das Guarkernmehl und eine Prise Salz. Rühre die Mischung gründlich durch, bis der Zucker sich vollständig aufgelöst hat und das Guarkernmehl gleichmäßig verteilt ist.

Gib die Sahne hinzu und rühre sie vorsichtig unter die Mischung. Hebe die zerkleinerten Stücke der Kinderschokolade unter, bis alles gut verbunden ist.

Fülle die fertige Kinderschokolade-Mischung in den Becher deiner Ninja Creami und verschließe ihn sicher. Stelle den Becher anschließend für mindestens 24 Stunden in den Gefrierschrank, damit die Mischung vollständig durchfrieren kann.

Sobald die Mischung vollständig durchgefroren ist, setze den Becher in die Ninja Creami ein und wähle das Programm für „Eiscreme". Die Maschine verwandelt die gefrorene Masse in eine wunderbar cremige Kinderschokolade-Eiscreme.

Der Geschmack der Kindheit, eingefangen in einer köstlichen Eiscreme – dieses Kinderschokolade-Eis ist purer Genuss für Groß und Klein. Der süße, milchige Geschmack der Schokolade bringt Freude in jede Eisschale.

Kirschen-Joghurt Eis

Nährwerte je 100g ca.			
140 kcal	7 g	15 g	3 g
Kalorien	Fett	Kohlenhydrate	Eiweiß

Programm: ICE CREAM

Zutaten

für die Ninja Creami:

150 g entsteinte Kirschen (frisch oder aus dem Glas, gut abgetropft)
150 g griechischer Joghurt (mind. 10% Fett)
100 ml Vollmilch
70 g Zucker
1/3 TL Guarkernmehl
1 Prise Salz
120 ml Sahne (mind. 30% Fett)
Optional: 1 TL Zitronensaft

für die Ninja Creami Deluxe:

230 g entsteinte Kirschen (frisch oder aus dem Glas, gut abgetropft)
230 g griechischer Joghurt (mind. 10% Fett)
150 ml Vollmilch
105 g Zucker
1/2 TL Guarkernmehl
1 Prise Salz
180 ml Sahne (mind. 30% Fett)
Optional: 1-2 TL Zitronensaft

Zubereitung

Wenn du frische Kirschen verwendest, wasche sie gründlich, entsteine sie und schneide sie in kleinere Stücke. Püriere die Kirschen in einem Mixer oder mit einem Stabmixer, bis sie eine glatte Konsistenz haben. Falls du eine besonders feine Textur bevorzugst, kannst du das Püree durch ein Sieb streichen.

In einer großen Schüssel vermischst du das Kirschpüree mit dem griechischen Joghurt, der Vollmilch, dem Zucker, dem Guarkernmehl und einer Prise Salz. Falls du den Zitronensaft verwendest, füge ihn jetzt hinzu. Rühre die Mischung gründlich durch, bis der Zucker sich vollständig aufgelöst hat und das Guarkernmehl gleichmäßig verteilt ist.

Gib die Sahne hinzu und rühre sie vorsichtig unter die Kirsch-Joghurt-Mischung, bis alles gut verbunden ist. Achte darauf, die Sahne sanft einzumischen, um die cremige Konsistenz des Eises zu bewahren.

Fülle die fertige Kirsch-Joghurt-Mischung in den Becher deiner Ninja Creami und verschließe ihn sicher. Stelle den Becher anschließend für mindestens 24 Stunden in den Gefrierschrank, damit die Mischung vollständig durchfrieren kann.

Sobald die Mischung vollständig durchgefroren ist, setze den Becher in die Ninja Creami ein und wähle das Programm für „Eiscreme".

Dieses Kirsch-Joghurt-Eis ist die perfekte Wahl für alle, die den fruchtigen Geschmack von Kirschen in Kombination mit der cremigen Textur von Joghurt lieben. Die Kombination aus frischen Kirschen, cremigem Joghurt und Sahne sorgt für ein leichtes, aber dennoch geschmacklich intensives Eis, das besonders an warmen Tagen für Erfrischung sorgt.

Malaga Eis

Programm: ICE CREAM

Zutaten

für die Ninja Creami:

100 g Rosinen
50 ml Rum (alternativ: Rum-Aroma nach Geschmack)
150 ml Vollmilch
80 g Zucker
1/3 TL Guarkernmehl
1 Prise Salz
150 ml Sahne (mind. 30% Fett)

für die Ninja Creami Deluxe:

150 g Rosinen
75 ml Rum (alternativ: Rum-Aroma nach Geschmack)
230 ml Vollmilch
120 g Zucker
1/2 TL Guarkernmehl
1 Prise Salz
230 ml Sahne (mind. 30% Fett)

Zubereitung

Weiche die Rosinen in dem Rum ein und lasse sie mindestens eine Stunde oder über Nacht ziehen, damit sie den Rum gut aufnehmen.

In einer großen Schüssel vermischst du die Vollmilch, den Zucker, das Guarkernmehl und eine Prise Salz. Rühre die Mischung gründlich durch, bis sich der Zucker vollständig aufgelöst hat und das Guarkernmehl gleichmäßig verteilt ist.

Gib die Sahne hinzu und rühre sie vorsichtig unter die Mischung. Hebe die eingeweichten Rosinen samt dem restlichen Rum unter, bis alles gut verbunden ist.

Fülle die fertige Malaga-Mischung in den Becher deiner Ninja Creami und verschließe ihn sicher. Stelle den Becher anschließend für mindestens 24 Stunden in den Gefrierschrank, damit die Mischung vollständig durchfrieren kann.

Sobald die Mischung vollständig durchgefroren ist, setze den Becher in die Ninja Creami ein und wähle das Programm für „Eiscreme". Die Maschine verwandelt die gefrorene Masse in eine herrlich cremige Malaga-Eiscreme.

Dieses Malaga-Eis ist die perfekte Wahl für alle, die den süß-aromatischen Geschmack von Rum-Rosinen lieben. Die Kombination aus eingeweichten Rosinen und Sahne verleiht dem Eis eine reichhaltige, cremige Textur mit einem intensiven, weichen Geschmack, der besonders gut als Dessert oder süßer Snack zwischendurch passt.

Kiwi-Joghurt Eis

Nährwerte je 100g ca.			
135 kcal	7 g	14 g	3 g
Kalorien	Fett	Kohlenhydrate	Eiweis

Programm: ICE CREAM

Zutaten

für die Ninja Creami:

150 g reife Kiwis (ca. 2-3 Kiwis)
150 g griechischer Joghurt (mind. 10% Fett)
100 ml Vollmilch
70 g Zucker
1/3 TL Guarkernmehl
1 Prise Salz
120 ml Sahne (mind. 30% Fett)
Optional: 1 TL Zitronensaft für eine zusätzliche Frische

für die Ninja Creami Deluxe:

230 g reife Kiwis (ca. 3-4Kiwis)
230 g griechischer Joghurt (mind. 10% Fett)
150 ml Vollmilch
105 g Zucker
1/2 TL Guarkernmehl
1 Prise Salz
180 ml Sahne (mind. 30% Fett)
Optional: 1-2 TL Zitronensaft für eine zusätzliche Frische

Zubereitung

Schäle die Kiwis und schneide sie in kleine Stücke. Püriere die Kiwistücke in einem Mixer oder mit einem Stabmixer, bis sie eine glatte Konsistenz haben. Falls du eine besonders feine Textur bevorzugst, kannst du das Püree durch ein Sieb streichen, um die Samen zu entfernen.

In einer großen Schüssel vermischst du das Kiwipüree mit dem griechischen Joghurt, der Vollmilch, dem Zucker, dem Guarkernmehl und einer Prise Salz. Wenn du eine zusätzliche Frische hinzufügen möchtest, gib den Zitronensaft hinzu. Rühre die Mischung gründlich durch, bis der Zucker sich vollständig aufgelöst hat und das Guarkernmehl gleichmäßig verteilt ist.

Gib die Sahne hinzu und rühre sie vorsichtig unter die Kiwi-Joghurt-Mischung, bis alles gut verbunden ist. Achte darauf, die Sahne sanft einzurühren, um die cremige Konsistenz des Eises zu bewahren.

Fülle die fertige Kiwi-Joghurt-Mischung in den Becher deiner Ninja Creami und verschließe ihn sicher. Stelle den Becher dann für mindestens 24 Stunden in den Gefrierschrank, damit die Mischung vollständig durchfrieren kann.

Sobald die Mischung gut durchgefroren ist, setze den Becher in die Ninja Creami ein und wähle das Programm für „Eiscreme".

Kiwi-Joghurt-Eis ist die perfekte Wahl für alle, die den fruchtigen, leicht säuerlichen Geschmack von Kiwis in Kombination mit der cremigen Textur von Joghurt lieben. Die Kombination aus frischen Kiwis, cremigem Joghurt und Sahne sorgt für ein leichtes, aber dennoch geschmacklich intensives Eis, das besonders an warmen Tagen für Erfrischung sorgt.

Mars Eis

Programm: ICE CREAM

Zutaten

für die Ninja Creami:

2 Mars-Riegel (ca. 100 g)
150 ml Vollmilch
80 g Zucker
1/3 TL Guarkernmehl
1 Prise Salz
150 ml Sahne (mind. 30% Fett)
Optional: 1 TL Kakaopulver für einen intensiveren Schokoladengeschmack

für die Ninja Creami Deluxe:

3 Mars-Riegel (ca. 150 g)
230 ml Vollmilch
120 g Zucker
1/2 TL Guarkernmehl
1 Prise Salz
230 ml Sahne (mind. 30% Fett)
Optional: 1-2 TL Kakaopulver für einen intensiveren Schokoladengeschmack

Zubereitung

Schneide die Mars-Riegel in kleine Stücke. Diese können grob gehackt werden, um größere Stücke im Eis zu haben, oder feiner zerkleinert werden, wenn du eine glattere Konsistenz bevorzugst.

In einer großen Schüssel vermischst du die Vollmilch, den Zucker, das Guarkernmehl und eine Prise Salz. Rühre die Mischung gründlich durch, bis der Zucker sich vollständig aufgelöst hat und das Guarkernmehl gleichmäßig verteilt ist. Falls du einen intensiveren Schokoladengeschmack möchtest, füge das Kakaopulver hinzu und rühre es gut unter.

Gib die Sahne hinzu und rühre sie vorsichtig unter die Mischung. Hebe die zerkleinerten Mars-Stücke unter, bis alles gut verbunden ist.

Fülle die fertige Mars-Mischung in den Becher deiner Ninja Creami und verschließe ihn sicher. Stelle den Becher anschließend für mindestens 24 Stunden in den Gefrierschrank, damit die Mischung vollständig durchfrieren kann.

Sobald die Mischung vollständig durchgefroren ist, setze den Becher in die Ninja Creami ein und wähle das Programm für „Eiscreme". Die Maschine verwandelt die gefrorene Masse in eine herrlich cremige Mars-Eiscreme.

Schokoladig, karamellig, einfach unwiderstehlich – dieses Mars-Eis bringt den vollen Geschmack des beliebten Schokoriegels in eine cremige Eisform. Perfekt für alle, die den vollen Genuss lieben und sich etwas Süßes gönnen möchten.

Mango-Joghurt Eis

Programm: ICE CREAM

Zutaten

für die Ninja Creami:

150 g reife Mango (ca. 1 kleine Mango)
150 g griechischer Joghurt (mind. 10% Fett)
100 ml Vollmilch
70 g Zucker
1/3 TL Guarkernmehl
1 Prise Salz
120 ml Sahne (mind. 30% Fett)

für die Ninja Creami Deluxe:

230 g reife Mango (ca. 1 große Mango)
230 g griechischer Joghurt (mind. 10% Fett)
150 ml Vollmilch
105 g Zucker
1/2 TL Guarkernmehl
1 Prise Salz
180 ml Sahne (mind. 30% Fett)

Zubereitung

Schäle die Mango, entferne den Kern und schneide das Fruchtfleisch in kleine Stücke. Püriere die Mangostücke in einem Mixer oder mit einem Stabmixer, bis sie eine glatte Konsistenz haben. Falls du eine besonders feine Textur bevorzugst, kannst du das Püree durch ein Sieb streichen.

In einer großen Schüssel vermischst du das Mangopüree mit dem griechischen Joghurt, der Vollmilch, dem Zucker, dem Guarkernmehl und einer Prise Salz. Rühre die Mischung gründlich durch, bis der Zucker sich vollständig aufgelöst hat und das Guarkernmehl gleichmäßig verteilt ist.

Gib die Sahne hinzu und rühre sie vorsichtig unter die Mango-Joghurt-Mischung, bis alles gut verbunden ist. Achte darauf, die Sahne sanft einzumischen, um die cremige Konsistenz des Eises zu bewahren.

Fülle die fertige Mango-Joghurt-Mischung in den Becher deiner Ninja Creami und verschließe ihn sicher. Stelle den Becher anschließend für mindestens 24 Stunden in den Gefrierschrank, damit die Mischung vollständig durchfrieren kann.

Sobald die Mischung vollständig durchgefroren ist, setze den Becher in die Ninja Creami ein und wähle das Programm für „Eiscreme".

Dieses Mango-Joghurt-Eis ist die perfekte Wahl für alle, die den fruchtigen, exotischen Geschmack von Mango in Kombination mit der cremigen Textur von Joghurt lieben. Die Kombination aus frischen Mangos, cremigem Joghurt und Sahne sorgt für ein leichtes, aber dennoch geschmacklich intensives Eis, das besonders an warmen Tagen für Erfrischung sorgt.

Oreo-Keks Eis

210 kcal	12 g	22 g	2 g
Kalorien	Fett	Kohlenhydrate	Eiweis

Programm: ICE CREAM

Zutaten

Zubereitung

für die Ninja Creami:

8 Oreo-Kekse (ca. 100 g)
150 ml Vollmilch
80 g Zucker
1/3 TL Guarkernmehl
1 Prise Salz
150 ml Sahne (mind. 30% Fett)

für die Ninja Creami Deluxe:

12 Oreo-Kekse (ca. 150 g)
230 ml Vollmilch
120 g Zucker
1/2 TL Guarkernmehl
1 Prise Salz
230 ml Sahne (mind. 30% Fett)

Zerbrösele die Oreo-Kekse in kleine Stücke. Du kannst sie grob zerkleinern, um größere Stücke im Eis zu haben, oder feiner zerbröseln, wenn du eine glattere Konsistenz bevorzugst.

In einer großen Schüssel vermischst du die Vollmilch, den Zucker, das Guarkernmehl und eine Prise Salz. Rühre die Mischung gründlich durch, bis der Zucker sich vollständig aufgelöst hat und das Guarkernmehl gleichmäßig verteilt ist.

Gib die Sahne hinzu und rühre sie vorsichtig unter die Mischung. Hebe die zerkleinerten Oreo-Stücke unter, bis alles gut verbunden ist.

Fülle die fertige Oreo-Mischung in den Becher deiner Ninja Creami und verschließe ihn sicher. Stelle den Becher anschließend für mindestens 24 Stunden in den Gefrierschrank, damit die Mischung vollständig durchfrieren kann.

Sobald die Mischung vollständig durchgefroren ist, setze den Becher in die Ninja Creami ein und wähle das Programm für „Eiscreme". Die Maschine verwandelt die gefrorene Masse in eine herrlich cremige Oreo-Keks-Eiscreme.

Keks trifft auf Eis – diese Kombination ist einfach unschlagbar. Die knusprigen Oreo-Stückchen, eingebettet in eine cremige Eiscreme, sorgen für ein besonderes Geschmackserlebnis, das einfach Spaß macht. Ein Muss für alle Keks-Fans!

Orangen-Joghurt Eis

Nährwerte je 100g ca.			
135 kcal	7 g	14 g	3 g
Kalorien	Fett	Kohlenhydrate	Eiweis

Programm: ICE CREAM

Zutaten

für die Ninja Creami:

150 ml frisch gepresster Orangensaft (ca. 2-3 Orangen)
150 g griechischer Joghurt (mind. 10% Fett)
100 ml Vollmilch
70 g Zucker
1/3 TL Guarkernmehl
1 Prise Salz
120 ml Sahne (mind. 30% Fett)

für die Ninja Creami Deluxe:

230 ml frisch gepresster Orangensaft (ca. 3-4 Orangen)
230 g griechischer Joghurt (mind. 10% Fett)
150 ml Vollmilch
105 g Zucker
1/2 TL Guarkernmehl
1 Prise Salz
180 ml Sahne (mind. 30% Fett)

Zubereitung

Presse die Orangen aus, um den frischen Saft zu gewinnen. Wenn du ein intensiveres Orangenaroma möchtest, kannst du die Orangenschale fein abreiben und zur Mischung hinzufügen.

In einer großen Schüssel vermischst du den Orangensaft (und optional die Orangenschale) mit dem griechischen Joghurt, der Vollmilch, dem Zucker, dem Guarkernmehl und einer Prise Salz. Rühre die Mischung gründlich durch, bis der Zucker sich vollständig aufgelöst hat und das Guarkernmehl gleichmäßig verteilt ist.

Gib die Sahne hinzu und rühre sie vorsichtig unter die Orangen-Joghurt-Mischung, bis alles gut verbunden ist. Achte darauf, die Sahne sanft einzumischen, um die cremige Konsistenz des Eises zu bewahren.

Fülle die fertige Orangen-Joghurt-Mischung in den Becher deiner Ninja Creami und verschließe ihn sicher. Stelle den Becher anschließend für mindestens 24 Stunden in den Gefrierschrank, damit die Mischung vollständig durchfrieren kann.

Sobald die Mischung vollständig durchgefroren ist, setze den Becher in die Ninja Creami ein und wähle das Programm für „Eiscreme". Die Maschine verwandelt die gefrorene Masse in eine herrlich cremige Orangen-Joghurt-Eiscreme.

Dieses Orangen-Joghurt-Eis ist die perfekte Wahl für alle, die den frischen, fruchtigen Geschmack von Orangen in Kombination mit der cremigen Textur von Joghurt lieben. Die Kombination aus frischem Orangensaft, cremigem Joghurt und Sahne sorgt für ein leichtes, aber dennoch geschmacklich intensives Eis, das besonders an warmen Tagen für Erfrischung sorgt.

Raffaelo Eis

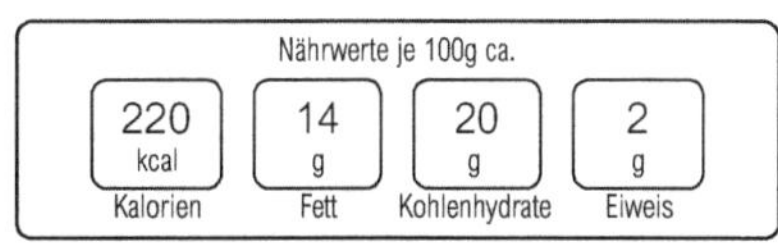

Nährwerte je 100g ca.			
220 kcal	14 g	20 g	2 g
Kalorien	Fett	Kohlenhydrate	Eiweis

Programm: ICE CREAM

Zutaten

für die Ninja Creami:

100 g Raffaello-Pralinen (ca. 8-10 Stück)
150 ml Vollmilch
80 g Zucker
1/3 TL Guarkernmehl
1 Prise Salz
150 ml Sahne (mind. 30% Fett)
Optional: 1 EL Kokosraspeln für zusätzlichen Kokosgeschmack
Optional: 1 TL Vanilleextrakt

für die Ninja Creami Deluxe:

150 g Raffaello-Pralinen (ca. 8-10 Stück)
230 ml Vollmilch
120 g Zucker
1/2 TL Guarkernmehl
1 Prise Salz
230 ml Sahne (mind. 30% Fett)
Optional: 1-2 EL Kokosraspeln für zusätzlichen Kokosgeschmack
Optional: 1-2 TL Vanilleextrakt

Zubereitung

Zerbrösele die Raffaello-Pralinen in kleine Stücke. Ein Teil kann fein gehackt werden, um das Eis cremiger zu machen, während größere Stücke dem Eis eine interessante Textur verleihen.

In einer großen Schüssel vermischst du die Vollmilch, den Zucker, das Guarkernmehl und eine Prise Salz. Rühre die Mischung gründlich durch, bis sich der Zucker vollständig aufgelöst hat und das Guarkernmehl gleichmäßig verteilt ist. Wenn du den Geschmack intensivieren möchtest, füge den Vanilleextrakt hinzu und rühre ihn gut unter.

Gib die Sahne hinzu und rühre sie vorsichtig unter die Mischung. Hebe die zerkleinerten Raffaello-Stücke und optional die Kokosraspeln unter, bis alles gut verbunden ist.

Fülle die fertige Raffaello-Mischung in den Becher deiner Ninja Creami und verschließe ihn sicher. Stelle den Becher anschließend für mindestens 24 Stunden in den Gefrierschrank, damit die Mischung vollständig durchfrieren kann.

Sobald die Mischung vollständig durchgefroren ist, setze den Becher in die Ninja Creami ein und wähle das Programm für „Eiscreme". Die Maschine verwandelt die gefrorene Masse in eine herrlich cremige Raffaello-Eiscreme.

Dieses Raffaello-Eis ist die perfekte Wahl für alle, die den cremigen, kokosnussigen Geschmack der Raffaello-Pralinen lieben. Die Kombination aus zerkleinerten Raffaello-Stücken und Sahne verleiht dem Eis eine reichhaltige, cremige Textur mit einem intensiven Kokos-Mandel-Geschmack, der besonders gut als Dessert oder süßer Snack zwischendurch passt.

Schlumpf Eis

Programm: ICE CREAM

Zutaten

für die Ninja Creami:

180 ml Vollmilch
100 g Zucker
1/3 TL Guarkernmehl
1 Prise Salz
150 ml Sahne (mind. 30% Fett)
1 TL Vanilleextrakt
1/2 TL Zitronenextrakt (optional für eine leicht fruchtige Note)
Blaue Lebensmittelfarbe (nach Bedarf)

für die Ninja Creami Deluxe:

270 ml Vollmilch
150 g Zucker
1/2 TL Guarkernmehl
1 Prise Salz
230 ml Sahne (mind. 30% Fett)
1-2 TL Vanilleextrakt
1/2-1 TL Zitronenextrakt (optional für eine leicht fruchtige Note)
Blaue Lebensmittelfarbe (nach Bedarf)

Zubereitung

In einer großen Schüssel vermischst du die Vollmilch, den Zucker, das Guarkernmehl, und eine Prise Salz. Rühre die Mischung gründlich durch, bis der Zucker sich vollständig aufgelöst hat und das Guarkernmehl gleichmäßig verteilt ist.

Gib den Vanilleextrakt und optional den Zitronenextrakt hinzu. Diese verleihen dem Eis den typischen süßen, leicht fruchtigen Geschmack, den viele mit Schlumpf-Eis verbinden.

Füge die blaue Lebensmittelfarbe hinzu, tropfenweise, und rühre gut um, bis die gewünschte Farbe erreicht ist. Achte darauf, die Farbe gleichmäßig zu verteilen.

Gib die Sahne hinzu und rühre sie vorsichtig unter die Mischung, bis alles gut verbunden ist. Achte darauf, die Sahne sanft einzumischen, um die cremige Konsistenz des Eises zu bewahren.

Fülle die fertige Schlumpf-Eis-Mischung in den Becher deiner Ninja Creami und verschließe ihn sicher. Stelle den Becher anschließend für mindestens 24 Stunden in den Gefrierschrank, damit die Mischung vollständig durchfrieren kann.

Sobald die Mischung vollständig durchgefroren ist, setze den Becher in die Ninja Creami ein und wähle das Programm für „Eiscreme".

Dieses Schlumpf-Eis ist die perfekte Wahl für alle, die den spaßigen, süßen Geschmack und das auffällige Aussehen des klassischen Schlumpf-Eises lieben. Die Kombination aus süßer Vanille, optionaler fruchtiger Note und cremiger Sahne sorgt für ein köstliches und optisch beeindruckendes Eis, das besonders gut bei Kindern ankommt.

Baileys Eis

Programm: ICE CREAM

Zutaten

für die Ninja Creami:

100 ml Baileys Irish Cream
150 ml Vollmilch
80 g Zucker
1/3 TL Guarkernmehl
1 Prise Salz
150 ml Sahne (mind. 30% Fett)

für die Ninja Creami Deluxe:

150 ml Baileys Irish Cream
230 ml Vollmilch
120 g Zucker
1/2 TL Guarkernmehl
1 Prise Salz
230 ml Sahne (mind. 30% Fett)

Zubereitung

In einer großen Schüssel vermischst du den Baileys Irish Cream, die Vollmilch, den Zucker, das Guarkernmehl und eine Prise Salz. Rühre die Mischung gründlich durch, bis der Zucker sich vollständig aufgelöst hat und das Guarkernmehl gleichmäßig verteilt ist.

Gib die Sahne hinzu und rühre sie vorsichtig unter die Baileys-Mischung, bis alles gut verbunden ist. Achte darauf, die Sahne sanft einzurühren, um die cremige Konsistenz des Eises zu bewahren.

Fülle die fertige Baileys-Mischung in den Becher deiner Ninja Creami und verschließe ihn sicher. Stelle den Becher anschließend für mindestens 24 Stunden in den Gefrierschrank, damit die Mischung vollständig durchfrieren kann.

Sobald die Mischung vollständig durchgefroren ist, setze den Becher in die Ninja Creami ein und wähle das Programm für „Eiscreme". Die Maschine verwandelt die gefrorene Masse in eine wunderbar cremige Baileys-Eiscreme.

Baileys – der cremige, leicht alkoholische Geschmack, eingefangen in einer köstlichen Eiscreme. Ein Genuss, der perfekt für besondere Momente ist. Gönn dir diesen Hauch von Luxus, wann immer du Lust darauf hast.

Bounty Eis

Programm: ICE CREAM

Zutaten

für die Ninja Creami:

2 Bounty-Riegel (ca. 60 g)
150 ml Vollmilch
80 g Zucker
1/3 TL Guarkernmehl
1 Prise Salz
150 ml Sahne (mind. 30% Fett)
Optional: 1 EL Kokosraspeln für zusätzlichen Kokosgeschmack
Optional: 1 TL Vanilleextrakt

für die Ninja Creami Deluxe:

3 Bounty-Riegel (ca. 90 g)
230 ml Vollmilch
120 g Zucker
1/2 TL Guarkernmehl
1 Prise Salz
230 ml Sahne (mind. 30% Fett)
Optional: 1-2 EL Kokosraspeln für zusätzlichen Kokosgeschmack
Optional: 1-2 TL Vanilleextrakt

Zubereitung

Schneide die Bounty-Riegel in kleine Stücke. Diese können grob gehackt werden, um größere Stücke im Eis zu haben, oder feiner zerkleinert werden, wenn du eine glattere Konsistenz bevorzugst.

In einer großen Schüssel vermischst du die Vollmilch, den Zucker, das Guarkernmehl und eine Prise Salz. Rühre die Mischung gründlich durch, bis der Zucker sich vollständig aufgelöst hat und das Guarkernmehl gleichmäßig verteilt ist. Wenn du den Geschmack intensivieren möchtest, füge den Vanilleextrakt hinzu und rühre ihn gut unter.

Gib die Sahne hinzu und rühre sie vorsichtig unter die Mischung. Hebe die zerkleinerten Bounty-Stücke und optional die Kokosraspeln unter, bis alles gut verbunden ist.

Fülle die fertige Bounty-Mischung in den Becher deiner Ninja Creami und verschließe ihn sicher. Stelle den Becher anschließend für mindestens 24 Stunden in den Gefrierschrank, damit die Mischung vollständig durchfrieren kann.

Sobald die Mischung vollständig durchgefroren ist, setze den Becher in die Ninja Creami ein und wähle das Programm für „Eiscreme". Die Maschine verwandelt die gefrorene Masse in eine wunderbar cremige Bounty-Eiscreme.

Schokolade und Kokos – das Dreamteam, das in diesem Eis perfekt harmoniert. Die exotische Kokosnuss und die süße Schokolade machen dieses Eis zu einem besonderen Genussmoment, der dich an einen tropischen Strand entführt

Quitten-Joghurt Eis

Programm: ICE CREAM

Zutaten

für die Ninja Creami:

150 g Quitten (geschält, entkernt und gewürfelt)
150 g griechischer Joghurt (mind. 10% Fett)
100 ml Vollmilch
70 g Zucker
1/3 TL Guarkernmehl
1 Prise Salz
120 ml Sahne (mind. 30% Fett)
Optional: 1 TL Zitronensaft

für die Ninja Creami Deluxe:

230 g Quitten (geschält, entkernt und gewürfelt)
230 g griechischer Joghurt (mind. 10% Fett)
150 ml Vollmilch
105 g Zucker
1/2 TL Guarkernmehl
1 Prise Salz
180 ml Sahne (mind. 30% Fett)
Optional: 1-2 TL Zitronensaft

Zubereitung

Schäle die Quitten, entferne das Kerngehäuse und schneide das Fruchtfleisch in kleine Würfel. Koche die Quittenwürfel in etwas Wasser für etwa 10-15 Minuten, bis sie weich sind. Lasse die Quittenwürfel anschließend abkühlen und püriere sie, bis sie eine glatte Konsistenz haben.

In einer großen Schüssel vermischst du das Quittenpüree mit dem griechischen Joghurt, der Vollmilch, dem Zucker, dem Guarkernmehl und einer Prise Salz. Falls du den Zitronensaft verwendest, füge ihn jetzt hinzu. Rühre die Mischung gründlich durch, bis der Zucker sich vollständig aufgelöst hat und das Guarkernmehl gleichmäßig verteilt ist.

Gib die Sahne hinzu und rühre sie vorsichtig unter die Quitten-Joghurt-Mischung, bis alles gut verbunden ist. Achte darauf, die Sahne sanft einzumischen, um die cremige Konsistenz des Eises zu bewahren.

Fülle die fertige Quitten-Joghurt-Mischung in den Becher deiner Ninja Creami und verschließe ihn sicher. Stelle den Becher dann für mindestens 24 Stunden in den Gefrierschrank, damit die Mischung vollständig durchfrieren kann.

Sobald die Mischung vollständig durchgefroren ist, setze den Becher in die Ninja Creami ein und wähle das Programm für „Eiscreme".

Der feine Geschmack von Quitten, vereint mit der leichten Frische von Joghurt – ein Genuss, der dich überrascht. Dieses Eis bringt die besondere Fruchtigkeit der Quitte in eine cremige Form, die einfach unwiderstehlich ist.

Toblerone Eis

Zutaten

für die Ninja Creami:

100 g Toblerone-Schokolade
150 ml Vollmilch
80 g Zucker
1/3 TL Guarkernmehl
1 Prise Salz
150 ml Sahne (mind. 30% Fett)

für die Ninja Creami Deluxe:

150 g Toblerone-Schokolade
230 ml Vollmilch
120 g Zucker
1/2 TL Guarkernmehl
1 Prise Salz
230 ml Sahne (mind. 30% Fett)

Zubereitung

Zerkleinere die Toblerone-Schokolade in kleine Stücke. Ein Teil kann fein gehackt werden, um das Eis cremiger zu machen, während größere Stücke dem Eis eine interessante Textur verleihen.

In einer großen Schüssel vermischst du die Vollmilch, den Zucker, das Guarkernmehl und eine Prise Salz. Rühre die Mischung gründlich durch, bis sich der Zucker vollständig aufgelöst hat und das Guarkernmehl gleichmäßig verteilt ist.

Gib die Sahne hinzu und rühre sie vorsichtig unter die Mischung. Hebe die zerkleinerten Toblerone-Stücke unter, bis alles gut verbunden ist.

Fülle die fertige Toblerone-Mischung in den Becher deiner Ninja Creami und verschließe ihn sicher. Stelle den Becher anschließend für mindestens 24 Stunden in den Gefrierschrank, damit die Mischung vollständig durchfrieren kann.

Sobald die Mischung vollständig durchgefroren ist, setze den Becher in die Ninja Creami ein und wähle das Programm für „Eiscreme". Die Maschine verwandelt die gefrorene Masse in eine wunderbar cremige Toblerone-Eiscreme.

Die zarte Schokolade, der Honig und die Mandeln der Toblerone, eingefangen in einer cremigen Eiscreme – ein Genuss, der Luxus und Verführung vereint. Ideal für alle, die sich gerne etwas Besonderes gönnen.

Ananas Sorbet

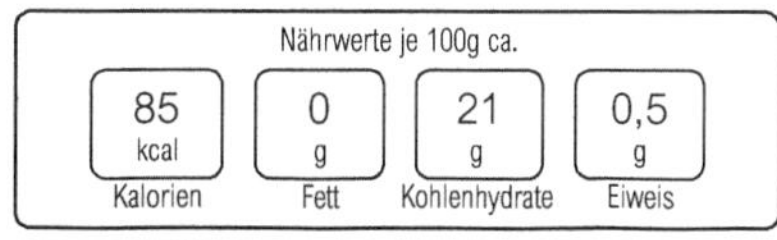

Programm: SORBET

Zutaten

für die Ninja Creami:

300 g frische Ananas (geschält und in Stücke geschnitten)
100 ml Wasser
80 g Zucker
1/3 TL Guarkernmehl
1 Prise Salz
Optional: 1 TL Zitronensaft für eine zusätzliche Frische

für die Ninja Creami Deluxe:

450 g frische Ananas (geschält und in Stücke geschnitten)
150 ml Wasser
120 g Zucker
1/2 TL Guarkernmehl
1 Prise Salz
Optional: 1-2 TL Zitronensaft für eine zusätzliche Frische

Zubereitung

Schäle die Ananas, entferne den harten Kern und schneide das Fruchtfleisch in kleine Stücke.

Püriere die Ananasstücke in einem Mixer oder mit einem Stabmixer, bis sie eine glatte Konsistenz haben. Wenn du eine besonders feine Textur bevorzugst, kannst du das Püree durch ein Sieb streichen.

In einer großen Schüssel vermischst du das Wasser, den Zucker, das Guarkernmehl und eine Prise Salz. Rühre die Mischung gründlich durch, bis der Zucker sich vollständig aufgelöst hat und das Guarkernmehl gleichmäßig verteilt ist.

Gib das Ananaspüree (und optional den Zitronensaft) hinzu und rühre es vorsichtig unter den Zuckersirup, bis alles gut verbunden ist.

Fülle die fertige Ananas-Sorbet-Mischung in den Becher deiner Ninja Creami und verschließe ihn sicher. Stelle den Becher anschließend für mindestens 24 Stunden in den Gefrierschrank, damit die Mischung vollständig durchfrieren kann.

Sobald die Mischung vollständig durchgefroren ist, setze den Becher in die Ninja Creami ein und wähle das Programm für „Sorbet". Die Maschine verwandelt die gefrorene Masse in ein wunderbar erfrischendes Ananas-Sorbet.

Dieses Ananas-Sorbet ist die pure Erfrischung. Der süße, saftige Geschmack von reifer Ananas, eingefangen in einem leichten Sorbet, macht dieses Dessert zu einem perfekten Genuss für heiße Tage. Einfach exotisch und köstlich!

Gin Tonic Sorbet

Programm: SORBET

Zutaten

für die Ninja Creami:

150 ml Tonic Water
50 ml Gin
100 ml Wasser
100 g Zucker
1/3 TL Guarkernmehl
1 Prise Salz
1 EL frischer Limettensaft
Optional: 1 TL fein abgeriebene Limettenschale für extra Aroma

für die Ninja Creami Deluxe:

230 ml Tonic Water
75 ml Gin
150 ml Wasser
150 g Zucker
1/2 TL Guarkernmehl
1 Prise Salz
1-2 EL frischer Limettensaft
Optional: 1-2 TL fein abgeriebene Limettenschale für extra Aroma

Zubereitung

In einer großen Schüssel vermischst du das Wasser, den Zucker, das Guarkernmehl und eine Prise Salz. Rühre die Mischung gründlich durch, bis der Zucker sich vollständig aufgelöst hat und das Guarkernmehl gleichmäßig verteilt ist.

Gib das Tonic Water, den Gin, den Limettensaft und, falls gewünscht, die fein abgeriebene Limettenschale hinzu. Rühre alles gut um, damit sich die Aromen gleichmäßig verteilen.

Fülle die fertige Gin Tonic-Sorbet-Mischung in den Becher deiner Ninja Creami und verschließe ihn sicher. Stelle den Becher anschließend für mindestens 24 Stunden in den Gefrierschrank, damit die Mischung vollständig durchfrieren kann.

Sobald die Mischung vollständig durchgefroren ist, setze den Becher in die Ninja Creami ein und wähle das Programm für „Sorbet". Die Maschine verwandelt die gefrorene Masse in ein erfrischendes Gin Tonic Sorbet.

Ein Hauch von Gin, kombiniert mit der spritzigen Frische von Tonic – dieses Sorbet ist die perfekte Erfrischung für laue Sommerabende. Ein Genuss für alle, die es gerne ein bisschen außergewöhnlich mögen.

Honigmelonen Sorbet

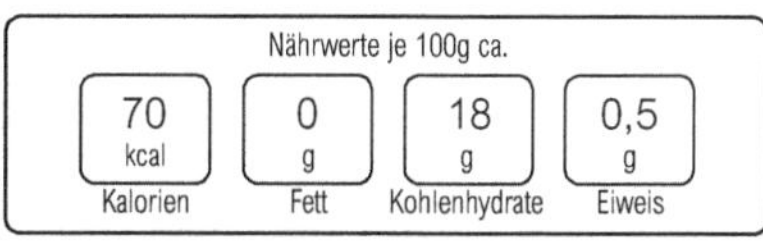

Nährwerte je 100g ca.			
70 kcal	0 g	18 g	0,5 g
Kalorien	Fett	Kohlenhydrate	Eiweis

Programm: SORBET

Zutaten

für die Ninja Creami:

300 g reife Honigmelone (geschält, entkernt und in Stücke geschnitten)
100 ml Wasser
80 g Zucker
1/3 TL Guarkernmehl
1 Prise Salz
Optional: 1 TL Limettensaft für eine leichte Frische

für die Ninja Creami Deluxe:

150 g reife Honigmelone (geschält, entkernt und in Stücke geschnitten)
150 ml Wasser
120 g Zucker
1/2 TL Guarkernmehl
1 Prise Salz
Optional: 1-2 TL Limettensaft für eine leichte Frische

Zubereitung

Schäle die Honigmelone, entferne die Kerne und schneide das Fruchtfleisch in kleine Stücke.

Püriere die Honigmelonestücke in einem Mixer oder mit einem Stabmixer, bis sie eine glatte Konsistenz haben. Falls du eine besonders feine Textur bevorzugst, kannst du das Püree durch ein Sieb streichen.

In einer großen Schüssel vermischst du das Wasser, den Zucker, das Guarkernmehl und eine Prise Salz. Rühre die Mischung gründlich durch, bis der Zucker sich vollständig aufgelöst hat und das Guarkernmehl gleichmäßig verteilt ist.

Gib das Honigmelonenpüree (und optional den Limettensaft) hinzu und rühre es vorsichtig unter den Zuckersirup, bis alles gut verbunden ist.

Fülle die fertige Honigmelonen-Sorbet-Mischung in den Becher deiner Ninja Creami und verschließe ihn sicher. Stelle den Becher anschließend für mindestens 24 Stunden in den Gefrierschrank, damit die Mischung vollständig durchfrieren kann.

Sobald die Mischung vollständig durchgefroren ist, setze den Becher in die Ninja Creami ein und wähle das Programm für „Sorbet". Die Maschine verwandelt die gefrorene Masse in ein wunderbar erfrischendes Honigmelonen-Sorbet.

Süß und saftig – dieses Honigmelonen-Sorbet bringt die Frische der Melone direkt in dein Glas. Der perfekte Genuss für alle, die es fruchtig und leicht mögen. Ein echter Sommerhit!

Kiwi Sorbet

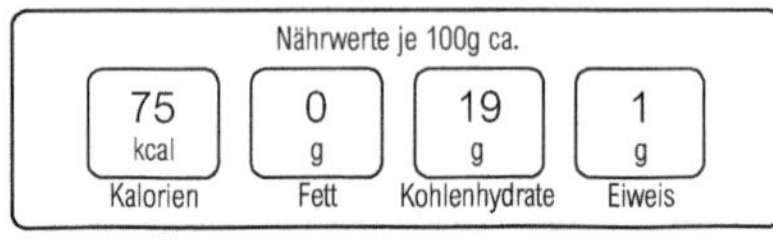

Programm: SORBET

Zutaten

für die Ninja Creami:

300 g reife Kiwis (ca. 4-5 Kiwis, geschält und in Stücke geschnitten)
100 ml Wasser
80 g Zucker
1/3 TL Guarkernmehl
1 Prise Salz
Optional: 1 TL Zitronensaft für eine zusätzliche Frische

für die Ninja Creami Deluxe:

450 g reife Kiwis (ca. 5-6Kiwis, geschält und in Stücke geschnitten)
150 ml Wasser
120 g Zucker
1/2 TL Guarkernmehl
1 Prise Salz
Optional: 1-2 TL Zitronensaft für eine zusätzliche Frische

Zubereitung

Schäle die Kiwis und schneide sie in kleine Stücke.

Püriere die Kiwistücke in einem Mixer oder mit einem Stabmixer, bis sie eine glatte Konsistenz haben. Falls du eine besonders feine Textur bevorzugst, kannst du das Püree durch ein Sieb streichen, um die kleinen Samen zu entfernen.

In einer großen Schüssel vermischst du das Wasser, den Zucker, das Guarkernmehl und eine Prise Salz. Rühre die Mischung gründlich durch, bis der Zucker sich vollständig aufgelöst hat und das Guarkernmehl gleichmäßig verteilt ist.

Gib das Kiwi-Püree (und optional den Zitronensaft) hinzu und rühre es vorsichtig unter den Zuckersirup, bis alles gut verbunden ist.

Fülle die fertige Kiwi-Sorbet-Mischung in den Becher deiner Ninja Creami und verschließe ihn sicher. Stelle den Becher anschließend für mindestens 24 Stunden in den Gefrierschrank, damit die Mischung vollständig durchfrieren kann.

Sobald die Mischung vollständig durchgefroren ist, setze den Becher in die Ninja Creami ein und wähle das Programm für „Sorbet". Die Maschine verwandelt die gefrorene Masse in ein wunderbar erfrischendes Kiwi-Sorbet.

Dieses Kiwi-Sorbet bringt die spritzige Frische der Kiwi direkt in deinen Eisbecher. Leicht, fruchtig und unglaublich erfrischend – perfekt für heiße Tage und alle, die es gerne fruchtig mögen.

Mango Sorbet

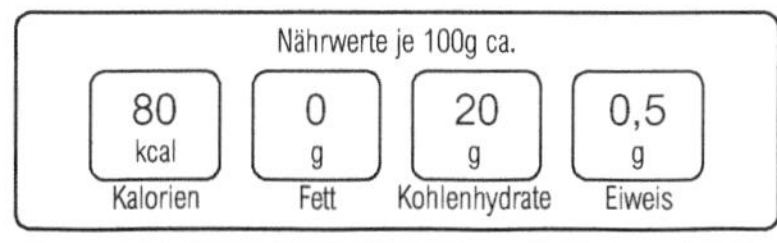

80 kcal	0 g	20 g	0,5 g
Kalorien	Fett	Kohlenhydrate	Eiweis

Programm: SORBET

Zutaten

für die Ninja Creami:

300 g reife Mango (ca. 1 große Mango, geschält und in Stücke geschnitten)
100 ml Wasser
80 g Zucker
1/3 TL Guarkernmehl
1 Prise Salz
Optional: 1 TL Limettensaft für eine leichte Frische

für die Ninja Creami Deluxe:

450 g reife Mango (ca. 1 große Mango, geschält und in Stücke geschnitten)
150 ml Wasser
120 g Zucker
1/2 TL Guarkernmehl
1 Prise Salz
Optional: 1-2 TL Limettensaft für eine leichte Frische

Zubereitung

Schäle die Mango, entferne den Kern und schneide das Fruchtfleisch in kleine Stücke.

Püriere die Mangostücke in einem Mixer oder mit einem Stabmixer, bis sie eine glatte Konsistenz haben. Falls du eine besonders feine Textur bevorzugst, kannst du das Püree durch ein Sieb streichen.

In einer großen Schüssel vermischst du das Wasser, den Zucker, das Guarkernmehl und eine Prise Salz. Rühre die Mischung gründlich durch, bis der Zucker sich vollständig aufgelöst hat und das Guarkernmehl gleichmäßig verteilt ist.

Gib das Mango-Püree (und optional den Limettensaft) hinzu und rühre es vorsichtig unter den Zuckersirup, bis alles gut verbunden ist.

Fülle die fertige Mango-Sorbet-Mischung in den Becher deiner Ninja Creami und verschließe ihn sicher. Stelle den Becher anschließend für mindestens 24 Stunden in den Gefrierschrank, damit die Mischung vollständig durchfrieren kann.

Sobald die Mischung vollständig durchgefroren ist, setze den Becher in die Ninja Creami ein und wähle das Programm für „Sorbet". Die Maschine verwandelt die gefrorene Masse in ein wunderbar erfrischendes Mango-Sorbet.

Das Mango-Sorbet bringt die süße Exotik der Tropen direkt in deine Eisschale. Der vollmundige Geschmack reifer Mangos macht dieses Sorbet zu einem fruchtigen Highlight, das man sich nicht entgehen lassen sollte.

Orangen Sorbet

Programm: SORBET

Zutaten

für die Ninja Creami:

300 ml frisch gepresster Orangensaft (ca. 4-5 Orangen)
100 ml Wasser
80 g Zucker
1/3 TL Guarkernmehl
1 Prise Salz
Optional: 1 TL Zitronensaft für eine zusätzliche Frische

für die Ninja Creami Deluxe:

450 ml frisch gepresster Orangensaft (ca. 5-6 Orangen)
150 ml Wasser
120 g Zucker
1/2 TL Guarkernmehl
1 Prise Salz
Optional: 1-2 TL Zitronensaft für eine zusätzliche Frische

Zubereitung

Presse die Orangen aus, um den frischen Saft zu gewinnen. Du kannst den Saft durch ein Sieb gießen, um das Fruchtfleisch zu entfernen, falls du ein besonders glattes Sorbet möchtest.

In einer großen Schüssel vermischst du das Wasser, den Zucker, das Guarkernmehl und eine Prise Salz. Rühre die Mischung gründlich durch, bis der Zucker sich vollständig aufgelöst hat und das Guarkernmehl gleichmäßig verteilt ist.

Gib den frisch gepressten Orangensaft (und optional den Zitronensaft) hinzu und rühre es vorsichtig unter den Zuckersirup, bis alles gut verbunden ist.

Fülle die fertige Orangen-Sorbet-Mischung in den Becher deiner Ninja Creami und verschließe ihn sicher. Stelle den Becher anschließend für mindestens 24 Stunden in den Gefrierschrank, damit die Mischung vollständig durchfrieren kann.

Sobald die Mischung vollständig durchgefroren ist, setze den Becher in die Ninja Creami ein und wähle das Programm für „Sorbet". Die Maschine verwandelt die gefrorene Masse in ein wunderbar erfrischendes Orangen-Sorbet.

Frisch, fruchtig und einfach unwiderstehlich – dieses Orangen-Sorbet bringt die Sonne in deinen Tag. Die spritzige Säure der Orangen, eingefangen in einem leichten Sorbet, macht diesen Genuss zu einer perfekten Erfrischung.

Pfirsich Sorbet

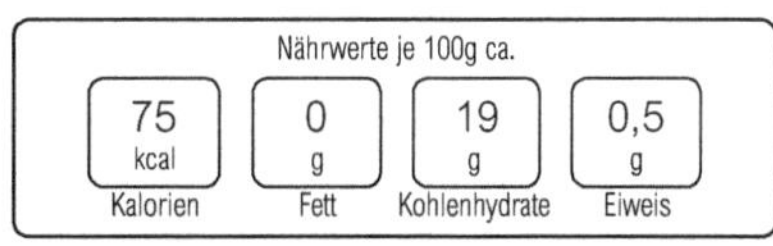

Programm: SORBET

Zutaten

für die Ninja Creami:

300 g reife Pfirsiche (ca. 3-4 Pfirsiche, geschält, entkernt und in Stücke geschnitten)
100 ml Wasser
80 g Zucker
1/3 TL Guarkernmehl
1 Prise Salz
Optional: 1 TL Zitronensaft für eine zusätzliche Frische

für die Ninja Creami Deluxe:

450 g reife Pfirsiche (ca. 4-5 Pfirsiche, geschält, entkernt und in Stücke geschnitten)
150 ml Wasser
120 g Zucker
1/2 TL Guarkernmehl
1 Prise Salz
Optional: 1-2 TL Zitronensaft für eine zusätzliche Frische

Zubereitung

Schäle die Pfirsiche, entferne die Kerne und schneide das Fruchtfleisch in kleine Stücke.

Püriere die Pfirsichstücke in einem Mixer oder mit einem Stabmixer, bis sie eine glatte Konsistenz haben. Falls du eine besonders feine Textur bevorzugst, kannst du das Püree durch ein Sieb streichen.

In einer großen Schüssel vermischst du das Wasser, den Zucker, das Guarkernmehl und eine Prise Salz. Rühre die Mischung gründlich durch, bis der Zucker sich vollständig aufgelöst hat und das Guarkernmehl gleichmäßig verteilt ist.

Gib das Pfirsich-Püree (und optional den Zitronensaft) hinzu und rühre es vorsichtig unter den Zuckersirup, bis alles gut verbunden ist.

Fülle die fertige Pfirsich-Sorbet-Mischung in den Becher deiner Ninja Creami und verschließe ihn sicher. Stelle den Becher anschließend für mindestens 24 Stunden in den Gefrierschrank, damit die Mischung vollständig durchfrieren kann.

Sobald die Mischung vollständig durchgefroren ist, setze den Becher in die Ninja Creami ein und wähle das Programm für „Sorbet". Die Maschine verwandelt die gefrorene Masse in ein wunderbar erfrischendes Pfirsich-Sorbet.

Pfirsich pur – dieses Sorbet bringt die süße, saftige Frische reifer Pfirsiche in eine kühle, leichte Form. Ein Genuss, der dich an die heißen Tage des Sommers erinnert und für pure Erfrischung sorgt.

Pina Colada Sorbet

Programm: SORBET

Zutaten

für die Ninja Creami:

200 g frische Ananas (geschält und in Stücke geschnitten)
150 ml Kokosmilch (ungesüßt)
80 g Zucker
50 ml weißer Rum (optional, für eine alkoholfreie Version einfach weglassen)
1/3 TL Guarkernmehl
1 Prise Salz
Optional: 1 TL Limettensaft

für die Ninja Creami Deluxe:

300 g frische Ananas (geschält und in Stücke geschnitten)
230 ml Kokosmilch (ungesüßt)
120 g Zucker
75 ml weißer Rum (optional, für eine alkoholfreie Version einfach weglassen)
1/2 TL Guarkernmehl
1 Prise Salz
Optional: 1-2 TL Limettensaft

Zubereitung

Schäle die Ananas, entferne den harten Kern und schneide das Fruchtfleisch in kleine Stücke.

Püriere die Ananasstücke in einem Mixer oder mit einem Stabmixer, bis sie eine glatte Konsistenz haben. Falls du eine besonders feine Textur bevorzugst, kannst du das Püree durch ein Sieb streichen.

In einer großen Schüssel vermischst du die Kokosmilch, den Zucker, den Rum (falls verwendet), das Guarkernmehl und eine Prise Salz. Rühre die Mischung gründlich durch, bis der Zucker sich vollständig aufgelöst hat und das Guarkernmehl gleichmäßig verteilt ist.

Gib das Ananas-Püree (und optional den Limettensaft) hinzu und rühre es vorsichtig unter die Kokosmilch-Mischung, bis alles gut verbunden ist.

Fülle die fertige Pina Colada-Sorbet-Mischung in den Becher deiner Ninja Creami und verschließe ihn sicher. Stelle den Becher anschließend für mindestens 24 Stunden in den Gefrierschrank, damit die Mischung vollständig durchfrieren kann.

Sobald die Mischung vollständig durchgefroren ist, setze den Becher in die Ninja Creami ein und wähle das Programm für „Sorbet". Die Maschine verwandelt die gefrorene Masse in ein wunderbar cremiges Pina Colada Sorbet.

Tropischer Genuss in jeder Kugel – dieses Pina Colada-Sorbet bringt die exotische Kombination von Ananas und Kokos direkt in dein Glas. Der perfekte Sommergenuss, der dich an weiße Strände und Palmen erinnert.

Sanddorn Sorbet

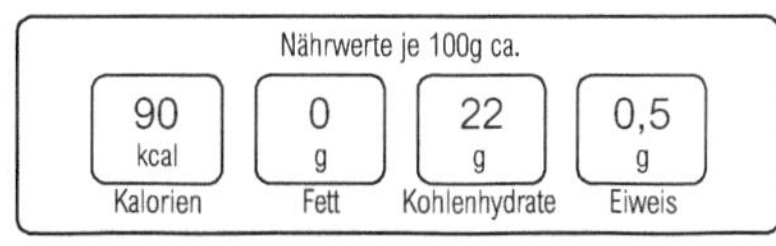

Nährwerte je 100g ca.			
90 kcal	0 g	22 g	0,5 g
Kalorien	Fett	Kohlenhydrate	Eiweis

Programm: SORBET

Zutaten

für die Ninja Creami:

150 ml Sanddornsaft (frisch gepresst oder aus der Flasche, ungesüßt)
150 ml Wasser
100 g Zucker
1/3 TL Guarkernmehl
1 Prise Salz
Optional: 1 TL Zitronensaft für eine zusätzliche Frische

für die Ninja Creami Deluxe:

230 ml Sanddornsaft (frisch gepresst oder aus der Flasche, ungesüßt)
230 ml Wasser
150 g Zucker
1/2 TL Guarkernmehl
1 Prise Salz
Optional: 1-2 TL Zitronensaft für eine zusätzliche Frische

Zubereitung

In einer großen Schüssel vermischst du das Wasser, den Zucker, das Guarkernmehl und eine Prise Salz. Rühre die Mischung gründlich durch, bis der Zucker sich vollständig aufgelöst hat und das Guarkernmehl gleichmäßig verteilt ist.

Gib den Sanddornsaft (und optional den Zitronensaft) hinzu und rühre es vorsichtig unter den Zuckersirup, bis alles gut verbunden ist.

Fülle die fertige Sanddorn-Sorbet-Mischung in den Becher deiner Ninja Creami und verschließe ihn sicher. Stelle den Becher anschließend für mindestens 24 Stunden in den Gefrierschrank, damit die Mischung vollständig durchfrieren kann.

Sobald die Mischung vollständig durchgefroren ist, setze den Becher in die Ninja Creami ein und wähle das Programm für „Sorbet". Die Maschine verwandelt die gefrorene Masse in ein wunderbar erfrischendes Sanddorn-Sorbet.

Dieses Sanddorn-Sorbet bringt die besondere Fruchtigkeit und leichte Herbe des Sanddorns in eine erfrischende, kühle Form. Ein Genuss, der außergewöhnlich und überraschend zugleich ist.

Verführerisches

Sex on the Beach Sorbet

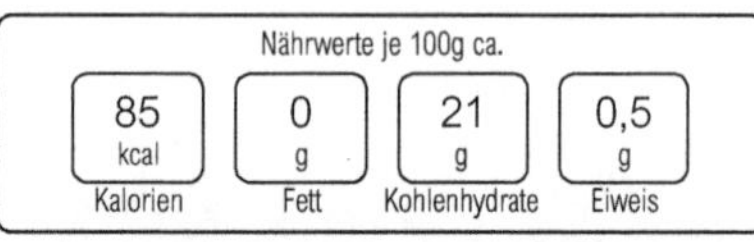

Programm: SORBET

Zutaten

für die Ninja Creami:

150 ml Cranberrysaft (100% Saft, ungesüßt)
100 ml Orangensaft
50 ml Pfirsichnektar (oder Pfirsichpüree)
50 ml Wodka (optional)
50 ml Pfirsichlikör (optional)
80 g Zucker
50 ml Wasser
1/3 TL Guarkernmehl
1 Prise Salz

für die Ninja Creami Deluxe:

230 ml Cranberrysaft (100% Saft, ungesüßt)
150 ml Orangensaft
75 ml Pfirsichnektar (oder Pfirsichpüree)
75 ml Wodka (optional)
75 ml Pfirsichlikör (optional)
120 g Zucker
75 ml Wasser
1/2 TL Guarkernmehl
1 Prise Salz

Zubereitung

In einer großen Schüssel vermischst du das Wasser, den Zucker, das Guarkernmehl und eine Prise Salz. Rühre die Mischung gründlich durch, bis der Zucker sich vollständig aufgelöst hat und das Guarkernmehl gleichmäßig verteilt ist.

Gib den Cranberrysaft, den Orangensaft, den Pfirsichnektar sowie den Wodka und den Pfirsichlikör (falls verwendet) hinzu. Rühre alles gut um, damit die Aromen sich gleichmäßig verteilen.

Fülle die fertige Sex on the Beach-Sorbet-Mischung in den Becher deiner Ninja Creami und verschließe ihn sicher. Stelle den Becher anschließend für mindestens 24 Stunden in den Gefrierschrank, damit die Mischung vollständig durchfrieren kann.

Sobald die Mischung vollständig durchgefroren ist, setze den Becher in die Ninja Creami ein und wähle das Programm für „Sorbet". Die Maschine verwandelt die gefrorene Masse in ein herrlich fruchtiges Sex on the Beach Sorbet.

Der beliebte Cocktail, eingefangen in einem fruchtigen Sorbet – dieser Genuss bringt den Geschmack des Sommers direkt in deine Eisschale. Perfekt für Partys oder einen entspannten Abend auf der Terrasse.

Zitronen Sorbet

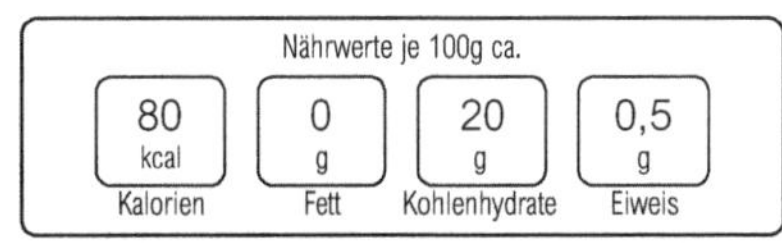

Zutaten

für die Ninja Creami:

200 ml frisch gepresster Zitronensaft (ca. 4-5 Zitronen)
200 ml Wasser
100 g Zucker
1/3 TL Guarkernmehl
1 Prise Salz
Optional: 1 TL Zitronenschale für eine intensivere Zitrusnote

für die Ninja Creami Deluxe:

300 ml frisch gepresster Zitronensaft (ca. 5-6 Zitronen)
300 ml Wasser
150 g Zucker
1/2 TL Guarkernmehl
1 Prise Salz
Optional: 1-2 TL Zitronenschale für eine intensivere Zitrusnote

Zubereitung

In einer großen Schüssel vermischst du das Wasser, den Zucker, das Guarkernmehl und eine Prise Salz. Rühre die Mischung gründlich durch, bis der Zucker sich vollständig aufgelöst hat und das Guarkernmehl gleichmäßig verteilt ist.

Gib den frisch gepressten Zitronensaft (und optional die Zitronenschale) hinzu und rühre es vorsichtig unter den Zuckersirup, bis alles gut verbunden ist.

Fülle die fertige Zitronen-Sorbet-Mischung in den Becher deiner Ninja Creami und verschließe ihn sicher. Stelle den Becher anschließend für mindestens 24 Stunden in den Gefrierschrank, damit die Mischung vollständig durchfrieren kann.

Sobald die Mischung vollständig durchgefroren ist, setze den Becher in die Ninja Creami ein und wähle das Programm für „Sorbet". Die Maschine verwandelt die gefrorene Masse in ein wunderbar erfrischendes Zitronen-Sorbet.

Erfrischend, spritzig und unglaublich lecker – dieses Zitronen-Sorbet ist die pure Erfrischung an heißen Tagen. Der saure Geschmack der Zitronen sorgt für einen Genussmoment, der einfach gute Laune macht.

Das besondere

Mohn Eis

Programm: ICE CREAM

Zutaten

für die Ninja Creami:

150 ml Vollmilch
120 g Mohn (gemahlen oder ganz, je nach Vorliebe)
80 g Zucker
1/3 TL Guarkernmehl
1 Prise Salz
150 ml Sahne (mind. 30% Fett)
Optional: 1 TL Vanilleextrakt für eine zusätzliche Geschmackstiefe

für die Ninja Creami Deluxe:

230 ml Vollmilch
180 g Mohn (gemahlen oder ganz, je nach Vorliebe)
120 g Zucker
1/2 TL Guarkernmehl
1 Prise Salz
230 ml Sahne (mind. 30% Fett)
Optional: 1-2 TL Vanilleextrakt für eine zusätzliche Geschmackstiefe

Zubereitung

Wenn du ganzen Mohn verwendest und eine feine Textur bevorzugst, mahle den Mohn zuerst in einer Mühle. Für eine intensivere Mohnnote kannst du den gemahlenen Mohn in einer trockenen Pfanne leicht rösten, bis er aromatisch duftet. Lasse ihn anschließend abkühlen.

In einer großen Schüssel vermischst du die Vollmilch, den Zucker, das Guarkernmehl und eine Prise Salz. Rühre die Mischung gründlich durch, bis der Zucker sich vollständig aufgelöst hat und das Guarkernmehl gleichmäßig verteilt ist. Gib den gemahlenen (und eventuell gerösteten) Mohn in die Mischung und rühre alles gut um. Falls du den Vanilleextrakt verwendest, füge ihn jetzt hinzu.

Gib die Sahne hinzu und rühre sie vorsichtig unter die Mohnmischung, bis alles gut verbunden ist. Achte darauf, die Sahne sanft einzurühren, um die cremige Konsistenz des Eises zu bewahren.

Fülle die fertige Mohn-Eis-Mischung in den Becher deiner Ninja Creami und verschließe ihn sicher. Stelle den Becher anschließend für mindestens 24 Stunden in den Gefrierschrank, damit die Mischung vollständig durchfrieren kann.

Sobald die Mischung vollständig durchgefroren ist, setze den Becher in die Ninja Creami ein und wähle das Programm für „Eiscreme".

Dieses Mohn-Eis ist wie ein kulinarisches Abenteuer – der nussige, leicht süßliche Geschmack des Mohns, eingebettet in eine cremige Eisgrundlage, bietet ein außergewöhnliches Erlebnis für alle Sinne. Perfekt für alle, die das Besondere lieben und neue, aufregende Geschmackswelten entdecken möchten. Lass dich von diesem Mohn-Eis verzaubern und genieße jede Kugel in vollen Zügen!

Amarena-Kirsch Eis

Programm: ICE CREAM

Zutaten

für die Ninja Creami:

150 ml Vollmilch
80 g Zucker
1/3 TL Guarkernmehl
1 Prise Salz
150 ml Sahne (mind. 30% Fett)
100 g Amarena-Kirschen (mit etwas Sirup)
Optional: 1 TL Vanilleextrakt für eine zusätzliche Geschmackstiefe

für die Ninja Creami Deluxe:

230 ml Vollmilch
120 g Zucker
1/2 TL Guarkernmehl
1 Prise Salz
230 ml Sahne (mind. 30% Fett)
150 g Amarena-Kirschen (mit etwas Sirup)
Optional: 1-2 TL Vanilleextrakt für eine zusätzliche Geschmackstiefe

Zubereitung

In einer großen Schüssel vermischst du die Vollmilch, den Zucker, das Guarkernmehl und eine Prise Salz. Rühre die Mischung gründlich durch, bis der Zucker sich vollständig aufgelöst hat und das Guarkernmehl gleichmäßig verteilt ist. Falls du den Vanilleextrakt verwendest, füge ihn jetzt hinzu.

Gib die Sahne hinzu und rühre sie vorsichtig unter die Mischung, bis alles gut verbunden ist. Achte darauf, die Sahne sanft einzurühren, um die cremige Konsistenz des Eises zu bewahren.

Schneide die Amarena-Kirschen in kleine Stücke und hebe sie mit etwas Sirup vorsichtig unter die Eismischung. Achte darauf, die Kirschen gleichmäßig zu verteilen, sodass du in jedem Löffel etwas davon hast.

Fülle die fertige Amarena-Kirsch-Eis-Mischung in den Becher deiner Ninja Creami und verschließe ihn sicher. Stelle den Becher anschließend für mindestens 24 Stunden in den Gefrierschrank, damit die Mischung vollständig durchfrieren kann.

Sobald die Mischung vollständig durchgefroren ist, setze den Becher in die Ninja Creami ein und wähle das Programm für „Eiscreme". Die Maschine verwandelt die gefrorene Masse in eine herrlich cremige Amarena-Kirsch-Eiscreme.

Dieses Amarena-Kirsch-Eis ist ein echter Klassiker unter den Eissorten. Die intensiven, süß-säuerlichen Amarena-Kirschen, eingebettet in eine cremige Eisbasis, machen jeden Löffel zu einem besonderen Genuss. Perfekt für alle, die es fruchtig und etwas luxuriöser mögen. Gönn dir diesen köstlichen Kirschtraum und lass dich von seiner fruchtigen Intensität verzaubern!

Campari Orangen Sorbet

Programm: SORBET

Zutaten

für die Ninja Creami:

200 ml frisch gepresster Orangensaft (ca. 3-4 Orangen)
80 ml Campari
100 ml Wasser
100 g Zucker
1/3 TL Guarkernmehl
1 Prise Salz
Optional: 1 TL Zitronensaft für eine zusätzliche Frische

für die Ninja Creami Deluxe:

300 ml frisch gepresster Orangensaft (ca. 4-5 Orangen)
120 ml Campari
150 ml Wasser
150 g Zucker
1/2 TL Guarkernmehl
1 Prise Salz
Optional: 1-2 TL Zitronensaft für eine zusätzliche Frische

Zubereitung

In einer großen Schüssel vermischst du das Wasser, den Zucker, das Guarkernmehl und eine Prise Salz. Rühre die Mischung gründlich durch, bis der Zucker sich vollständig aufgelöst hat und das Guarkernmehl gleichmäßig verteilt ist.

Gib den frisch gepressten Orangensaft und den Campari (sowie optional den Zitronensaft) hinzu und rühre alles gut um, damit sich die Aromen gleichmäßig verteilen.

Fülle die fertige Campari-Orangen-Sorbet-Mischung in den Becher deiner Ninja Creami und verschließe ihn sicher. Stelle den Becher anschließend für mindestens 24 Stunden in den Gefrierschrank, damit die Mischung vollständig durchfrieren kann.

Sobald die Mischung vollständig durchgefroren ist, setze den Becher in die Ninja Creami ein und wähle das Programm für „Sorbet". Die Maschine verwandelt die gefrorene Masse in ein herrlich erfrischendes Campari-Orangen-Sorbet.

Mit diesem Campari-Orangen-Sorbet holst du dir einen Hauch von Italien direkt nach Hause. Der herbe Campari und der fruchtige Orangensaft vereinen sich zu einem Sorbet, das erfrischend anders ist. Perfekt für warme Sommerabende oder als raffinierter Abschluss eines Menüs – dieses Sorbet wird alle Liebhaber besonderer Geschmackserlebnisse begeistern. Gönn dir diesen fruchtig-herben Genuss und lass dich von der raffinierten Kombination überraschen!

Muss Obst immer frisch sein?

Frisches Obst im Speiseeis: Ein Genuss, aber kein Muss

Frisches Obst im Speiseeis klingt wie eine köstliche Idee – schließlich bringt es natürliche Süße, lebendige Farben und frische Aromen direkt in dein Dessert. Es gibt nichts Schöneres, als die reifen, saftigen Noten von Erdbeeren, Mangos oder Pfirsichen in einem cremigen Eis zu schmecken. Aber während frisches Obst im Speiseeis zweifellos ein Highlight sein kann, ist es keineswegs zwingend notwendig, um ein leckeres und zufriedenstellendes Ergebnis zu erzielen. Tatsächlich gibt es viele Alternativen und Überlegungen, die dir erlauben, auch ohne frisches Obst köstliches Eis zu zaubern.

Die Vorteile von frischem Obst im Eis
Natürlich hat frisches Obst seine Vorzüge. Es bringt eine unvergleichliche Frische und intensive Aromen mit sich, die oft schwer zu imitieren sind. Besonders im Sommer, wenn viele Früchte Saison haben, kann frisches Obst eine wahre Geschmacksexplosion im Eis auslösen. Darüber hinaus enthält es Vitamine und Nährstoffe, die dein Dessert nicht nur schmackhaft, sondern auch ein wenig gesünder machen können.

Doch so wunderbar frisches Obst auch ist, es ist nicht immer die praktischste Zutat. Saisonale Verfügbarkeit, Reifegrad, Preis und die richtige Verarbeitung spielen alle eine Rolle dabei, ob frisches Obst im Eis wirklich ideal ist. Und hier kommen die Alternativen ins Spiel.

Die Rolle von Alternativen: Gefrorenes Obst
Gefrorenes Obst ist eine hervorragende Alternative zu frischem Obst und in vielerlei Hinsicht sogar praktischer. Es ist das ganze Jahr über erhältlich und muss nicht auf den perfekten Reifegrad warten – es wird in der Regel auf dem Höhepunkt seiner Reife gefroren. Außerdem ist es oft schon geschält, entkernt und geschnitten, was dir Zeit und Mühe spart. Gefrorenes Obst kann genauso gut im Eis verarbeitet werden und bietet ähnliche Geschmacksprofile wie frisches Obst, insbesondere wenn es sorgfältig verarbeitet wird.

Ein weiterer Vorteil von gefrorenem Obst ist, dass es die Temperatur der Eismasse senkt, was den Gefrierprozess beschleunigen kann. Das bedeutet, dass das Eis schneller die richtige Konsistenz erreicht und die Gefahr von großen Eiskristallen verringert wird. Dies kann besonders hilfreich sein, wenn du eine besonders cremige Textur anstrebst.

Fruchtpürees und Konzentrate
Fruchtpürees und Konzentrate sind weitere hervorragende Alternativen zu frischem Obst. Sie bieten einen intensiven Fruchtgeschmack und sind einfach zu verarbeiten. Insbesondere bei Früchten, die schwer zu verarbeiten sind oder eine kurze Saison haben, wie Passionsfrucht oder Kirschen, sind Pürees eine tolle Möglichkeit, das Aroma dieser Früchte ins Eis zu bringen.

Pürees haben den zusätzlichen Vorteil, dass sie eine gleichbleibende Qualität bieten. Während frisches Obst je nach Reifegrad und Sorte variieren kann, liefern Pürees eine konstante Geschmacksbasis, die leicht dosiert werden kann. Dies macht es einfacher, Rezepte genau nachzumachen und immer das gleiche, köstliche Ergebnis zu erzielen.

Trockenfrüchte: Ein anderer Ansatz
Trockenfrüchte sind eine interessante Alternative, wenn du auf der Suche nach intensiven Fruchtaromen bist, aber frisches oder gefrorenes Obst nicht zur Hand hast. Trockenfrüchte wie Rosinen, getrocknete Aprikosen oder Datteln können dem Eis eine tiefe Süße und eine einzigartige Textur verleihen. Sie lassen sich leicht rehydrieren und in die Eismasse einarbeiten oder als Stücke für zusätzliche Bissfestigkeit verwenden.

Besonders bei Rezepten, die ein komplexes Geschmacksprofil erfordern, wie Rum-Rosinen oder Feigen-Walnuss-Eis, können Trockenfrüchte eine wunderbare Ergänzung sein. Sie bringen konzentrierte Aromen und natürliche Süße ein, die das Eis bereichern, ohne dass frisches Obst erforderlich ist.

Aromen und Extrakte: Fruchtgeschmack ohne Frucht
Eine weitere Möglichkeit, fruchtige Noten in dein Eis zu bringen, sind Aromen und Extrakte. Diese konzentrierten Essenzen bieten eine einfache Möglichkeit, den Geschmack von Früchten in dein Eis zu integrieren, ohne dass frisches Obst erforderlich ist. Sie sind besonders nützlich, wenn du einen bestimmten Geschmack erzielen möchtest, der außerhalb der Saison ist oder schwer zu finden ist.

Zitrus-Extrakte, Erdbeer- oder Himbeeraromen können das Eis wunderbar ergänzen und die fruchtigen Noten verstärken. Sie lassen sich leicht dosieren und können zusammen mit anderen Zutaten wie Vanille oder Schokolade verwendet werden, um komplexe und harmonische Geschmacksprofile zu schaffen.

Ein Wort zur Textur: Wie beeinflusst Obst das Eis?
Eine Sache, die du bei der Verwendung von Obst im
Eis beachten solltest, ist der Einfluss auf die Textur.
Frisches Obst bringt oft eine hohe Wassermenge mit,
was zu größeren Eiskristallen und einer weniger cremigen Konsistenz führen kann. Dies gilt insbesondere
für sehr saftige Früchte wie Melonen oder Ananas.
Hier können gefrorenes Obst oder Pürees, die bereits
durch Kochen oder Entwässern etwas Feuchtigkeit
verloren haben, eine bessere Option sein, um eine
glattere Textur zu erzielen.

Auch Trockenfrüchte oder Aromen haben den Vorteil,
dass sie die Textur des Eises kaum beeinflussen,
wodurch das Eis cremig bleibt und eine gleichmäßige
Konsistenz erhält.

Fazit
Frisches Obst ist zweifellos eine wunderbare Zutat
für Speiseeis – es bringt Frische, Geschmack und
Farbe direkt in dein Dessert. Aber es ist kein Muss.
Es gibt viele Alternativen, die genauso köstliche und
zufriedenstellende Ergebnisse liefern. Gefrorenes
Obst, Fruchtpürees, Trockenfrüchte und Aromen
bieten Flexibilität und Praktikabilität, ohne Kompromisse beim Geschmack einzugehen. Am Ende zählt,
dass du ein Eis kreierst, das dir schmeckt und Freude
bereitet, unabhängig davon, ob es mit frischem Obst
oder einer der vielen anderen Möglichkeiten zube-
reitet wurde. Die Welt des Eises ist vielfältig und lässt
Raum für Kreativität – also zögere nicht, verschiedene
Optionen auszuprobieren und deine eigene perfekte
Mischung zu finden!

Wozu soll Glycerin gut sein?

Glycerin im Speiseeis: Ein vielseitiger Helfer für cremige Konsistenz

Glycerin, auch als Glycerol bekannt, ist ein klarer, sirupartiger Alkohol, der in vielen Lebensmitteln, Kosmetika und pharmazeutischen Produkten verwendet wird. Wenn du ein Fan von selbstgemachtem Speiseeis bist, bist du vielleicht schon einmal auf diesen Inhaltsstoff gestoßen. Glycerin spielt eine wichtige Rolle bei der Herstellung von Eis, besonders wenn es darum geht, die Konsistenz zu verbessern und das Eis geschmeidiger zu machen. Aber keine Sorge – obwohl Glycerin ein Alkohol ist, macht es dich nicht betrunken. In diesem Artikel erklären wir, warum Glycerin in Speiseeis so nützlich ist, wie es richtig dosiert wird und was du beachten solltest.

Was ist Glycerin und warum macht es nicht betrunken?
Glycerin ist ein dreiwertiger Alkohol, der aus pflanzlichen oder tierischen Fetten gewonnen wird. Es ist ungiftig, geschmacksneutral und in vielen Produkten enthalten, die wir täglich verwenden. Trotz seiner chemischen Zugehörigkeit zu den Alkoholen hat Glycerin keine berauschende Wirkung. Das liegt daran, dass es im Körper auf ganz andere Weise verarbeitet wird als Ethanol, der Alkohol in Getränken. Glycerin wird hauptsächlich als Feuchthaltemittel und Weichmacher verwendet und ist absolut sicher für den Verzehr in den geringen Mengen, die in Lebensmitteln und Speiseeis verwendet werden.

Die Rolle von Glycerin im Speiseeis
Einer der größten Herausforderungen bei der Herstellung von selbstgemachtem Eis ist das Erreichen einer cremigen, gleichmäßigen Textur. Traditionell wird dies oft durch die Verwendung von Ei oder Zucker erreicht, die helfen, die Bildung großer Eiskristalle zu verhindern und die Masse geschmeidig zu halten. Doch für diejenigen, die auf Eier verzichten oder den Zuckergehalt reduzieren möchten, bietet Glycerin eine hervorragende Alternative.

Glycerin hat mehrere Funktionen im Speiseeis:

Verhinderung der Kristallbildung: Glycerin wirkt als Antifrostmittel. Es senkt den Gefrierpunkt der Eismasse, was bedeutet, dass das Eis bei einer niedrigeren Temperatur gefriert. Dies führt dazu, dass die Eiskristalle kleiner bleiben, was wiederum für eine cremigere Konsistenz sorgt. Dein Eis wird dadurch weicher und leichter zu portionieren, selbst wenn es längere Zeit im Gefrierschrank aufbewahrt wird.

Verbesserung der Textur: Glycerin trägt dazu bei, das Eis weicher und glatter zu machen. Es bindet Wasser, wodurch die Textur des Eises geschmeidiger wird und die Masse nicht so leicht austrocknet. Dies ist besonders nützlich, wenn du Eis mit einem geringeren Fettgehalt oder ohne Ei herstellst, da Glycerin die Funktion der fehlenden Zutaten teilweise kompensieren kann.

Verlängerung der Haltbarkeit: Durch seine hygroskopischen Eigenschaften hilft Glycerin, die Feuchtigkeit im Eis zu halten, was die Lagerfähigkeit verbessert und verhindert, dass das Eis im Gefrierschrank austrocknet oder „eisig" wird.

Wie viel Glycerin sollte in die Eismasse gegeben werden?
Die Dosierung von Glycerin im Speiseeis ist entscheidend, um die gewünschten Effekte zu erzielen, ohne den Geschmack oder die Textur negativ zu beeinflussen. In der Regel wird empfohlen, etwa 1 bis 2 Esslöffel Glycerin pro Liter Eismasse zu verwenden. Diese Menge reicht aus, um die gewünschten positiven Effekte auf die Konsistenz und die Kristallbildung zu erzielen, ohne dass das Eis zu weich oder klebrig wird.

Wichtig ist, das Glycerin gut in die Eismasse zu integrieren. Am besten mischst du es zusammen mit den anderen flüssigen Zutaten, bevor du die Masse in die Eismaschine gibst. Auf diese Weise verteilt sich das Glycerin gleichmäßig und kann seine Wirkung optimal entfalten.

Was du beachten solltest
Während Glycerin ein wunderbarer Helfer für die Eisherstellung ist, ist es wichtig, die richtige Menge zu verwenden. Eine Überdosierung kann dazu führen, dass das Eis zu weich wird und nicht richtig gefriert, was die Textur beeinträchtigen könnte. Zudem kann eine übermäßige Menge an Glycerin das Eis leicht süßer machen, da es einen milden, süßen Geschmack hat. Daher ist es ratsam, die Menge schrittweise zu erhöhen, falls du experimentierst, um das beste Ergebnis für dein Rezept zu erzielen.

Es ist auch gut zu wissen, dass Glycerin zwar für die meisten Menschen unbedenklich ist, aber in sehr großen Mengen (weit über den Mengen, die in Rezepten verwendet werden) abführend wirken kann.

Doch in den empfohlenen Dosierungen für Speiseeis
brauchst du dir darüber keine Sorgen zu machen.

Fazit

Glycerin ist ein vielseitiger und wertvoller Zusatzstoff
bei der Herstellung von Speiseeis, insbesondere
wenn du auf der Suche nach einer Möglichkeit bist,
die Textur zu verbessern und die Eiskristallbildung
zu kontrollieren. Mit den richtigen Mengenangaben
kannst du sicherstellen, dass dein Eis cremig, weich
und angenehm zu portionieren ist, ohne dass du
dir Sorgen machen musst, dass es dich betrunken
macht. Ob du ein neues Rezept ausprobierst oder
deine eigenen Eiskreationen perfektionieren möchtest
– Glycerin könnte genau das sein, was deinem Eis
den letzten Schliff verleiht.

Guarkernmehl & Co.

Verdickungsmittel im Eis: Cremigkeit durch Guarkernmehl und Johannisbrotkernmehl

Eiscreme ist eine der beliebtesten Süßspeisen weltweit, und ein wichtiger Faktor für den Genuss ist die perfekte Konsistenz. Niemand möchte Eis, das körnig oder wässrig ist; wir alle lieben es cremig, glatt und vollmundig. Um diese ideale Textur zu erreichen, sind Verdickungsmittel unverzichtbar. Sie verhindern die Bildung großer Eiskristalle und sorgen dafür, dass das Eis gleichmäßig gefriert und seine Struktur behält. In diesem Artikel werfen wir einen genaueren Blick auf zwei besonders effektive Verdickungsmittel: Guarkernmehl und Johannisbrotkernmehl.

Was sind Verdickungsmittel und warum sind sie wichtig?
Verdickungsmittel sind natürliche oder synthetische Substanzen, die dazu verwendet werden, die Viskosität von Lebensmitteln zu erhöhen. In Speiseeis spielen sie eine zentrale Rolle, da sie helfen, die Bildung großer Eiskristalle zu verhindern und das Mundgefühl zu verbessern. Durch die Bindung von Wasser in der Eismasse sorgen sie dafür, dass das Eis gleichmäßig gefriert und eine cremige, glatte Textur entwickelt. Verdickungsmittel tragen auch dazu bei, die Stabilität des Eises während der Lagerung zu gewährleisten, indem sie das Auskristallisieren von Wasser und das Entmischen der Zutaten verhindern.

Guarkernmehl: Der Star unter den Verdickungsmitteln
Guarkernmehl, gewonnen aus den Samen der Guarpflanze, ist eines der beliebtesten Verdickungsmittel in der Eisherstellung. Es hat die Fähigkeit, große Mengen Wasser zu binden und die Viskosität von Flüssigkeiten signifikant zu erhöhen. In der Speiseeisproduktion wird Guarkernmehl wegen seiner außergewöhnlichen Eigenschaften geschätzt.

Wirkung in der Eismasse: Guarkernmehl wirkt als Stabilisator und Emulgator. Es verhindert die Bildung großer Eiskristalle, indem es das Wasser in der Eismasse bindet. Dadurch bleibt das Eis cremig und geschmeidig, selbst wenn es längere Zeit im Gefrierschrank gelagert wird. Guarkernmehl sorgt dafür, dass die Eismasse gleichmäßig gefriert und sich keine wässrigen oder kristallinen Bereiche bilden. Dies führt zu einem glatten Mundgefühl und einer gleichmäßigen Konsistenz.

Anwendung und Dosierung: Guarkernmehl ist sehr effektiv, sodass schon geringe Mengen ausreichen, um die gewünschte Wirkung zu erzielen. In der Regel liegt die empfohlene Dosierung bei 0,3 bis 0,5 Prozent des Gesamtgewichts der Eismasse. Das bedeutet, dass du auf einen Liter Eismasse etwa 3 bis 5 Gramm Guarkernmehl verwenden solltest. Es ist wichtig, das Guarkernmehl gleichmäßig in die kalte Eismasse einzustreuen und gut zu verrühren, um Klumpenbildung zu vermeiden. Am besten mischst du es mit den trockenen Zutaten oder löst es in einem Teil der Flüssigkeit auf, bevor es zur restlichen Masse hinzugefügt wird.

Johannisbrotkernmehl: Der sanfte Stabilisator
Johannisbrotkernmehl wird aus den Samen des Johannisbrotbaums gewonnen und ist ein weiteres natürliches Verdickungsmittel, das in der Speiseeisherstellung weit verbreitet ist. Es hat ähnliche Eigenschaften wie Guarkernmehl, jedoch eine etwas mildere Wirkung, was es besonders gut für Kombinationen mit anderen Verdickungsmitteln geeignet macht.

Wirkung in der Eismasse: Johannisbrotkernmehl bindet ebenfalls Wasser und verhindert die Bildung großer Eiskristalle. Es sorgt für eine samtige Textur und unterstützt die Stabilität der Eismasse während des Gefrierprozesses. Es kann allein verwendet werden, entfaltet jedoch seine beste Wirkung, wenn es in Kombination mit anderen Verdickungsmitteln wie Guarkernmehl eingesetzt wird. Durch diese Kombination wird die Textur des Eises noch geschmeidiger und stabiler.

Anwendung und Dosierung: Johannisbrotkernmehl wird ähnlich wie Guarkernmehl dosiert, allerdings in etwas geringeren Mengen. Die empfohlene Dosierung liegt bei 0,1 bis 0,3 Prozent des Gesamtgewichts der Eismasse, was etwa 1 bis 3 Gramm pro Liter Eismasse entspricht. Auch hier gilt: Das Johannisbrotkernmehl sollte gleichmäßig in die Masse eingerührt werden, um eine gleichmäßige Verteilung und eine klumpenfreie Mischung zu gewährleisten.

Die Kombination von Guarkernmehl und Johannisbrotkernmehl
Eine besonders effektive Methode, um die bestmögliche Textur im Eis zu erreichen, ist die Kombination von Guarkernmehl und Johannisbrotkernmehl. Diese beiden Verdickungsmittel ergänzen sich hervorragend, da sie zusammen eine noch bessere Stabilität und Cremigkeit bieten als jedes für sich allein. Die Mischung sorgt dafür, dass das Eis besonders glatt und gleichmäßig wird und gleichzeitig eine hervorra-

gende Lagerstabilität besitzt.

Empfohlene Kombination und Dosierung: Für die Kombination von Guarkernmehl und Johannisbrotkernmehl empfiehlt es sich, die Gesamtmenge an Verdickungsmitteln auf etwa 0,4 bis 0,6 Prozent des Gesamtgewichts der Eismasse zu setzen. Das könnte zum Beispiel bedeuten, dass du 0,3 Prozent Guarkernmehl und 0,2 Prozent Johannisbrotkernmehl verwendest. Diese Kombination verbessert die Textur, ohne das Eis zu stark zu verdicken oder den Geschmack zu beeinflussen.

Fazit

Verdickungsmittel sind unverzichtbar, wenn es darum geht, Speiseeis mit der perfekten Konsistenz zu Hause herzustellen. Guarkernmehl und Johannisbrotkernmehl sind zwei der effektivsten und beliebtesten Optionen, die sowohl einzeln als auch in Kombination hervorragende Ergebnisse liefern. Sie verhindern die Bildung großer Eiskristalle, sorgen für eine cremige Textur und verbessern die Stabilität und Haltbarkeit des Eises. Mit der richtigen Dosierung und Anwendung dieser natürlichen Verdickungsmittel kannst du sicher sein, dass dein selbstgemachtes Eis nicht nur köstlich schmeckt, sondern auch eine professionelle Konsistenz hat.

Wie kann ich sie verhindern?

Eiskristalle in Eiscreme: Entstehung und Vermeidung bei der Herstellung mit der Ninja Creami

Eiskristalle sind der größte Feind einer cremigen Eiscreme. Sie sind verantwortlich für eine grobkörnige, unangenehme Textur, die den Genuss von Eis erheblich mindern kann. Beim Selbermachen von Eis, besonders mit Geräten wie der Ninja Creami, ist es daher entscheidend, zu verstehen, wie Eiskristalle entstehen und welche Techniken helfen, ihre Bildung zu verhindern. In diesem Artikel werfen wir einen genauen Blick auf den Prozess der Eiskristallbildung und wie du mit der Ninja Creami für eine geschmeidige, samtige Eiscreme sorgen kannst.

Wie entstehen Eiskristalle in der Eiscreme?
Eiskristalle entstehen, wenn Wasser in der Eismasse gefriert. In der Eisherstellung besteht das Ziel darin, diese Kristalle so klein wie möglich zu halten, um eine glatte und cremige Textur zu erreichen. Große Eiskristalle entstehen, wenn die Eismasse nicht schnell genug gefriert oder wenn das Eis nach dem Einfrieren nicht richtig gelagert wird.

Der Prozess der Eiskristallbildung lässt sich in mehrere Phasen unterteilen:

Initiale Kristallbildung: Sobald die Eismasse zu gefrieren beginnt, bilden sich die ersten Eiskristalle. Je schneller der Gefriervorgang, desto kleiner sind die entstehenden Kristalle. Kleine Kristalle sorgen für eine glatte, cremige Konsistenz.

Wachstum der Kristalle: Wenn die Eismasse langsam gefriert, haben die Eiskristalle Zeit zu wachsen. Das führt zu einer grobkörnigen Textur. Je länger der Gefrierprozess dauert, desto größer werden die Kristalle.

Rekristallisation: Dieser Prozess tritt auf, wenn gefrorenes Eis Temperaturänderungen ausgesetzt ist, z. B. beim Öffnen und Schließen des Gefrierschranks. Kleine Kristalle verschmelzen zu größeren, was ebenfalls eine raue, kristalline Struktur zur Folge hat.

Spezifische Herausforderungen bei der Ninja Creami
Die Ninja Creami ist ein beliebtes Gerät zur Herstellung von Eiscreme zu Hause, das den Prozess des Gefrierens und Zerkleinerns der Eismasse automatisiert. Doch wie bei jeder Eismaschine besteht auch hier die Herausforderung darin, Eiskristalle zu minimieren. Da die Ninja Creami zunächst eine tiefgefrorene Eismasse bearbeitet, ist es wichtig, einige Punkte zu beachten:

Gefrieren der Basis: Die Eismasse wird zuerst in den Behälter der Ninja Creami gegeben und dann für etwa 24 Stunden tiefgefroren. Während dieses Prozesses können bereits Eiskristalle entstehen, insbesondere wenn die Eismasse nicht gleichmäßig eingefroren wird.

Mixen und Schaben: Die Ninja Creami arbeitet mit einem speziellen Messer, das die gefrorene Masse schabt und in eine cremige Konsistenz verwandelt. Dieser Schritt ist entscheidend, um die bereits entstandenen Eiskristalle zu zerkleinern und die Masse homogen zu machen.

Techniken zur Vermeidung von Eiskristallen
Um Eiskristalle bei der Herstellung mit der Ninja Creami zu verhindern und eine samtige Eiscreme zu erreichen, gibt es mehrere bewährte Techniken:

Schnelles Einfrieren der Eismasse: Stelle sicher, dass dein Gefrierschrank auf die niedrigste mögliche Temperatur eingestellt ist, bevor du die Eismasse in die Ninja Creami gibst. Ein schnelles Einfrieren minimiert die Bildung großer Eiskristalle, da die Eismasse schneller auf eine Temperatur gebracht wird, bei der das Wasser nicht zu großen Kristallen gefriert.

Verwendung von Verdickungsmitteln: Verdickungsmittel wie Guarkernmehl oder Johannisbrotkernmehl können helfen, die Bildung von Eiskristallen zu verhindern. Diese Substanzen binden das Wasser in der Eismasse und verhindern, dass es frei gefriert, was zu einer glatteren, cremigeren Textur führt.

Zugabe von Zucker oder Glycerin: Zucker senkt den Gefrierpunkt der Eismasse, wodurch die Eiskristalle kleiner bleiben. Glycerin wirkt ähnlich und trägt dazu bei, dass das Eis weich und leicht zu portionieren bleibt. Beide Zutaten helfen, die Eiskristallbildung zu minimieren und die Textur des Eises zu verbessern.

Blanchieren von frischen Früchten: Wenn du frisches Obst verwendest, das viel Wasser enthält, blanchiere es vor der Verwendung. Blanchieren deaktiviert Enzyme und verhindert eine übermäßige Bildung von Eiskristallen durch die im Obst enthaltene Feuchtigkeit.

Gefrorene Masse vor der Verarbeitung leicht antauen lassen: Bevor du die gefrorene Eismasse in der Ninja Creami bearbeitest, lasse sie 5-10 Minuten bei Raumtemperatur stehen. Dies hilft, die Oberfläche

der Masse etwas aufzuweichen und erleichtert der
Maschine das Zerkleinern, was zu einer feineren
Konsistenz führt.

Nachbearbeitung und Lagerung
Auch nach dem Mixen in der Ninja Creami ist es
wichtig, das Eis richtig zu lagern, um die Bildung von
Eiskristallen zu verhindern:

Luftdichtes Abdecken: Decke das Eis nach der Herstellung mit einer Plastikfolie direkt auf der Oberfläche ab, bevor du den Deckel schließt. Dies verhindert
die Bildung von Eiskristallen an der Oberfläche und
schützt das Eis vor Austrocknung.

Konstante Gefriertemperatur: Vermeide es, den
Gefrierschrank oft zu öffnen, um Temperaturschwan-
kungen zu minimieren, die zu einer Rekristallisation
führen könnten.

Fazit
Die Vermeidung von Eiskristallen ist der Schlüssel
zu einer perfekt cremigen Eiscreme, und mit der
richtigen Technik lässt sich dieses Ziel auch zu Hause
erreichen – besonders mit der Ninja Creami. Indem
du auf schnelles Einfrieren, die richtige Mischung von
Zutaten und eine sorgfältige Lagerung achtest, kannst
du sicherstellen, dass dein selbstgemachtes Eis nicht
nur köstlich schmeckt, sondern auch die samtige
Textur hat, die wir alle lieben. So kannst du das volle
Potenzial deiner Ninja Creami ausschöpfen und bei
jedem Löffel deines selbstgemachten Eises ein cremiges, kristallfreies Erlebnis genießen.

Welches Programm wähle ich?

Programme der Ninja Creami und Creami Deluxe:
Unterschiede und Empfehlungen

Die Ninja Creami und die Creami Deluxe sind
leistungsstarke Eismaschinen, die verschiedene
Programme bieten, um unterschiedliche Arten von
gefrorenen Desserts herzustellen. Diese Programme
sind speziell darauf ausgelegt, verschiedene Texturen
und Konsistenzen zu erreichen, je nachdem, welche
Art von Dessert du zubereiten möchtest. In diesem
Artikel erkläre ich die verfügbaren Programme beider
Modelle, ihre Unterschiede und gebe Empfehlungen,
wann du welches Programm nutzen solltest.

Programme der Ninja Creami
Die Ninja Creami bietet die folgenden Programme:

Ice Cream (Eiscreme)

Beschreibung: Dieses Programm ist für die Herstel-
lung von klassischer, cremiger Eiscreme vorgesehen.
Es ist darauf ausgelegt, eine glatte und reichhaltige
Textur zu erzielen, indem die gefrorene Eismasse
langsam und gründlich verarbeitet wird.
Empfehlung: Verwende dieses Programm, wenn du
eine traditionelle Eiscreme mit einer Basis aus Milch,
Sahne und Zucker zubereitest. Es ist ideal für alle
Arten von Eis, die eine cremige Konsistenz erfordern.
Sorbet

Beschreibung: Das Sorbet-Programm ist speziell
für die Verarbeitung von Sorbets entwickelt, die
hauptsächlich aus Fruchtpüree und Zucker bestehen.
Dieses Programm sorgt dafür, dass das Sorbet eine
leicht körnige, aber dennoch glatte Textur behält, die
typisch für Sorbets ist.
Empfehlung: Wähle dieses Programm, wenn du Sorbets mit frischem Obst, Fruchtsäften oder Fruchtpürees herstellen möchtest. Es ist ideal für Sorbets, die
weniger Fett und Milchprodukte enthalten.
Lite Ice Cream (Leichte Eiscreme)

Beschreibung: Dieses Programm ist für die Her-
stellung von kalorienreduzierten oder fettarmen
Eiscremes gedacht. Es passt die Verarbeitung so an,
dass auch mit weniger Fett oder Zucker eine cremige
Konsistenz erreicht wird.
Empfehlung: Nutze dieses Programm, wenn du eine

leichtere Version von Eiscreme herstellen möchtest,
beispielsweise mit fettarmen Milchprodukten, Joghurt
oder pflanzlichen Alternativen.
Smoothie Bowl

Beschreibung: Das Smoothie-Bowl-Programm ist
ideal für die Zubereitung von dickflüssigen Smoothies, die in einer Schüssel serviert werden können.
Es sorgt für eine etwas dickere Konsistenz als bei herkömmlichen Smoothies, sodass das Ergebnis stabil
genug ist, um mit Löffel gegessen zu werden.
Empfehlung: Dieses Programm eignet sich hervorragend, wenn du gefrorenes Obst oder Smoothie-
Mischungen verarbeiten möchtest, um eine dicke,
löffelbare Textur zu erhalten.
Gelato

Beschreibung: Gelato ist für die Herstellung von ita-
lienischem Gelato konzipiert, das tendenziell dichter
und weniger luftig ist als herkömmliche Eiscreme.
Dieses Programm verarbeitet die Eismasse langsa-
mer und intensiver.
Empfehlung: Verwende dieses Programm, wenn du
Gelato mit einer besonders dichten, samtigen Textur
herstellen möchtest. Es ist ideal für reichhaltige, ge-
schmackvolle Desserts, die sich durch ihre cremige,
aber festere Konsistenz auszeichnen.
Milkshake

Beschreibung: Dieses Programm ist dafür gedacht,
Eismassen in einen flüssigen, trinkbaren Milchshake
zu verwandeln. Es mixt die Zutaten so, dass sie eine
dicke, aber trinkbare Konsistenz erhalten.
Empfehlung: Wähle dieses Programm, wenn du aus
deiner Eiscreme einen Milchshake zubereiten möchtest. Es eignet sich auch, um bereits gefrorenes Eis
aufzulockern und mit Milch oder anderen Flüssigkeiten zu vermischen.
Mix-in

Beschreibung: Dieses Programm wird verwendet, um
nach dem eigentlichen Gefrieren zusätzliche Zutaten
wie Schokostückchen, Nüsse oder Fruchtstücke
in die Eiscreme oder das Sorbet einzuarbeiten. Es
mischt diese Zutaten gleichmäßig unter, ohne die
Textur des Eises zu stark zu verändern.
Empfehlung: Nutze das Mix-in-Programm immer
dann, wenn du nachträglich Zutaten in dein Eis einarbeiten möchtest, um eine gleichmäßige Verteilung
zu erreichen, ohne die bereits verarbeitete Eismasse
zu beschädigen.
Programme der Ninja Creami Deluxe
Die Ninja Creami Deluxe bietet zusätzlich zu den
Programmen der Standardversion einige erweiterte
Programme:

Creamiccino

Beschreibung: Dieses Programm ist speziell für die Herstellung von gefrorenen Kaffeegetränken entwickelt. Es erzeugt eine konsistente, leicht flüssige Textur, ideal für Kaffeespezialitäten mit einem gefrorenen Element.
Empfehlung: Wähle dieses Programm, wenn du ein kaltes Kaffeegetränk mit einer cremigen, gefrorenen Basis zubereiten möchtest. Es ist perfekt für Frappés oder gefrorene Cappuccinos.
Frozen Drink

Beschreibung: Dieses Programm zerkleinert und mischt Eis zu einer trinkbaren Konsistenz, ähnlich wie bei Slushies oder gefrorenen Cocktails. Es sorgt für eine gleichmäßige Mischung von Flüssigkeit und gefrorenem Eis.
Empfehlung: Verwende dieses Programm, wenn du gefrorene Getränke wie Slushies, Margarita oder andere Cocktail-Varianten herstellen möchtest, die eine feinkörnige Textur erfordern.
Slushi

Beschreibung: Das Slushi-Programm ist darauf spezialisiert, eine besonders feinkörnige Textur zu erzeugen, die ideal für Slush-Getränke ist. Es arbeitet die Eismasse so auf, dass sie leicht löffelbar ist und eine angenehme, nicht zu feste Konsistenz hat.
Empfehlung: Nutze dieses Programm, wenn du besonders feine und gleichmäßige Slushies herstellen möchtest, die eine erfrischende, eisige Konsistenz haben.
Unterschiede und Empfehlungen
Die Hauptunterschiede zwischen der Ninja Creami und der Creami Deluxe liegen in den zusätzlichen Programmen, die speziellere gefrorene Getränke und Desserts ermöglichen. Die Standardprogramme beider Modelle decken jedoch bereits die wichtigsten Arten von gefrorenen Desserts ab.

Empfehlungen:

Ice Cream: Standard für klassische Eiscreme. Verwende es, wenn du eine reichhaltige und cremige Konsistenz möchtest.
Sorbet: Ideal für Sorbets und vegane Eissorten auf Fruchtbasis.
Lite Ice Cream: Perfekt für kalorienarme oder fettarme Eiscremes.
Gelato: Wähle dieses Programm für dichte, weniger luftige Eiskreationen wie Gelato.
Milkshake: Für flüssige, trinkbare Eisgetränke.
Smoothie Bowl: Wenn du dicke, löffelbare Smoothies herstellen möchtest.
Mix-in: Um nachträglich Mix-ins wie Schokostücke

oder Früchte gleichmäßig in dein Eis einzuarbeiten.
Für die Creami Deluxe bieten die zusätzlichen Programme Creamiccino, Frozen Drink und Slushi noch mehr Möglichkeiten für spezielle Getränke und Texturen, die bei der Standard-Creami nicht verfügbar sind.

Fazit
Die Wahl des richtigen Programms hängt stark von der Art des gefrorenen Desserts ab, das du zubereiten möchtest. Mit den spezifischen Programmen der Ninja Creami und Creami Deluxe kannst du eine Vielzahl von Texturen und Geschmacksrichtungen erreichen, die perfekt zu deinen Vorlieben passen. Ob cremige Eiscreme, fruchtiges Sorbet, dicke Smoothie Bowls oder spezielle gefrorene Kaffeegetränke – für jede Kreation gibt es das passende Programm.

Zucker ersetzen

Kann ich Zucker ersetzen?

Die Rolle von Zucker im Eis: Gefrierhemmung und Süßwirkung im Vergleich zu Zuckerersatzstoffen

Zucker ist eine der grundlegendsten Zutaten bei der Herstellung von Eiscreme. Seine Funktion geht jedoch weit über das bloße Süßen hinaus. Zucker beeinflusst die Textur, die Konsistenz und das Gefrierverhalten von Eiscreme erheblich. Doch in einer Zeit, in der Zuckerersatzstoffe immer populärer werden, stellt sich die Frage: Wie verhält sich Zucker im Vergleich zu diesen Alternativen, insbesondere hinsichtlich seiner Gefrierhemmung und Süßwirkung? In diesem Artikel beleuchten wir die multifunktionale Rolle von Zucker im Eis und vergleichen ihn mit verschiedenen Zuckerersatzstoffen.

Die Funktion von Zucker im Eis
Zucker erfüllt im Eis mehrere wichtige Funktionen:

Süßung: Die offensichtlichste Rolle von Zucker ist die Süßung. Er gibt dem Eis den gewünschten süßen Geschmack, der durch die Aromen der anderen Zutaten ergänzt wird. Der Süßungsgrad von Zucker ist standardisiert, was bedeutet, dass er eine zuverlässige und vorhersehbare Wirkung auf den Geschmack des Eises hat.

Gefrierhemmung: Eine weniger bekannte, aber entscheidende Rolle von Zucker ist seine Fähigkeit, den Gefrierpunkt der Eismasse zu senken. Zucker löst sich in der Flüssigkeit der Eismasse auf und erzeugt eine Lösung, die bei einer niedrigeren Temperatur gefriert als Wasser allein. Dies führt dazu, dass das Eis bei einer geringeren Temperatur fest wird und sich gleichzeitig eine kleinere Eiskristallstruktur bildet, was zu einer cremigen, glatten Konsistenz führt.

Textur und Mundgefühl: Zucker trägt dazu bei, dass das Eis beim Verzehr weich und löffelbar bleibt. Er beeinflusst die Textur, indem er verhindert, dass die Eismasse zu fest oder körnig wird, selbst wenn sie im Gefrierschrank bei sehr niedrigen Temperaturen aufbewahrt wird.

Vergleich mit Zuckerersatzstoffen
Zuckerersatzstoffe wie Erythrit, Xylit, Stevia oder Sucralose werden zunehmend als Alternativen zu herkömmlichem Zucker verwendet. Diese Ersatzstoffe haben unterschiedliche Süßkraft, kalorische Werte und Auswirkungen auf das Gefrierverhalten. Hier ist ein Vergleich der gängigsten Zuckerersatzstoffe im Hinblick auf ihre Gefrierhemmung und Süßwirkung:

Erythrit:

Süßkraft: Erythrit hat etwa 60-70% der Süßkraft von Zucker. Es hat einen milden, leicht kühlenden Nachgeschmack und wird oft in Kombination mit anderen Süßstoffen verwendet, um den Süßungsgrad zu erhöhen.
Gefrierhemmung: Erythrit hat nur eine geringe Gefrierhemmung im Vergleich zu Zucker. Das bedeutet, dass Eis, das mit Erythrit gesüßt wird, dazu neigt, härter zu werden und weniger cremig zu sein. Die Bildung von Eiskristallen kann dadurch verstärkt werden, was die Textur des Eises beeinträchtigen kann.
Xylit:

Süßkraft: Xylit hat eine Süßkraft, die der von Zucker fast gleichkommt, also etwa 100%. Es hat einen angenehmen, zuckerähnlichen Geschmack ohne nennenswerten Nachgeschmack.
Gefrierhemmung: Xylit hat eine moderate Gefrierhemmung, die jedoch immer noch schwächer ist als die von Zucker. Es kann helfen, die Textur des Eises etwas weicher zu halten, aber das Ergebnis ist in der Regel weniger cremig als bei Zucker. Xylit wird oft verwendet, um die Härte von zuckerfreien Eissorten zu reduzieren.
Stevia:

Süßkraft: Stevia ist extrem süß, etwa 200-300 Mal süßer als Zucker. Es wird in sehr geringen Mengen verwendet und hat einen charakteristischen Nachgeschmack, der je nach Konzentration wahrnehmbar sein kann.
Gefrierhemmung: Stevia hat praktisch keine Gefrierhemmung, da es in so kleinen Mengen verwendet wird. Eismassen, die ausschließlich mit Stevia gesüßt werden, benötigen zusätzliche Zutaten wie Glycerin oder Verdickungsmittel, um die richtige Textur und Konsistenz zu erreichen.
Sucralose:

Süßkraft: Sucralose ist etwa 600 Mal süßer als Zucker und wird ebenfalls in sehr geringen Mengen verwendet. Sie hat keinen Nachgeschmack und ist hitzestabil, was sie für eine Vielzahl von Anwendungen geeignet macht.
Gefrierhemmung: Sucralose bietet keine Gefrierhemmung, da die benötigte Menge so gering ist, dass sie die Gefrierpunktdepression nicht beeinflusst. Auch hier sind zusätzliche Zutaten erforderlich, um die

richtige Textur zu erzielen.
Gefrierhemmung und Textur: Zucker vs. Ersatzstoffe
Der entscheidende Unterschied zwischen Zucker
und seinen Ersatzstoffen liegt in der Fähigkeit, den
Gefrierpunkt zu senken. Zucker ist in der Lage, den
Gefrierpunkt der Eismasse signifikant zu senken, was
dazu führt, dass das Eis weich, cremig und leicht
löffelbar bleibt. Die meisten Zuckerersatzstoffe haben
diese Eigenschaft nicht oder nur in sehr geringem
Maße. Dadurch kann Eis, das mit Ersatzstoffen herge-
stellt wird, im Gefrierschrank härter werden und eine
weniger cremige Konsistenz aufweisen.

Einige Möglichkeiten, um die Gefrierhemmung zu verbessern, wenn Zuckerersatzstoffe verwendet werden:

Kombination von Ersatzstoffen: Oft werden verschiedene Ersatzstoffe kombiniert, um die Süßkraft und
die Gefrierhemmung zu optimieren. Zum Beispiel
kann eine Mischung aus Xylit und Erythrit verwendet
werden, um die Textur zu verbessern.
Verwendung von Glycerin: Glycerin kann als Feuchthaltemittel hinzugefügt werden, um die Gefrierhemmung zu erhöhen und die Bildung großer Eiskristalle
zu verhindern.
Einsatz von Verdickungsmitteln: Verdickungsmittel
wie Guarkernmehl oder Johannisbrotkernmehl helfen,
die Textur zu stabilisieren und die Eiskristallbildung zu
kontrollieren, besonders in zuckerfreien Rezepten.
Fazit
Zucker spielt eine wesentliche Rolle in der Herstellung von Eiscreme, nicht nur als Süßungsmittel,
sondern auch als Texturgeber und Gefrierhemmer. Im
Vergleich zu Zuckerersatzstoffen bietet Zucker eine
überlegene Gefrierhemmung und trägt wesentlich zur
Cremigkeit des Eises bei. Während Zuckerersatzstoffe
wie Erythrit, Xylit, Stevia und Sucralose eine nützliche
Alternative für kalorienreduzierte oder zuckerfreie Eissorten darstellen, erfordern sie oft zusätzliche Zutaten
oder Techniken, um die gleiche Textur und Gefrierhemmung wie Zucker zu erreichen. Letztlich hängt
die Wahl des Süßungsmittels von den gewünschten
Eigenschaften deines Eises ab – sei es eine klassische, cremige Textur mit Zucker oder eine leichtere,
zuckerfreie Variante mit Ersatzstoffen.

Was Dein Fruchteis bitter macht.

Bromelain in Früchten: Warum es Eis bitter macht und wie Blanchieren helfen kann

Bromelain ist ein faszinierendes Enzym, das vor allem in Ananas vorkommt, aber auch in kleineren Mengen in anderen Früchten wie Papaya, Kiwi und Mango zu finden ist. Dieses Enzym hat zahlreiche gesundheitliche Vorteile und wird häufig in der Medizin und Lebensmittelindustrie eingesetzt, beispielsweise zur Verbesserung der Verdauung oder als entzündungshemmendes Mittel. Doch wenn es um die Herstellung von Speiseeis geht, kann Bromelain auch einige Herausforderungen mit sich bringen – insbesondere, wenn es um den Geschmack geht.

Was ist Bromelain und warum macht es Eis bitter? Bromelain gehört zu einer Gruppe von Proteasen, also Enzymen, die Proteine abbauen. Es ist besonders dafür bekannt, dass es in der Lage ist, die Struktur von Proteinen zu zerlegen, was in der Küche nützlich sein kann, etwa beim Zartmachen von Fleisch. Diese Eigenschaft ist jedoch weniger willkommen, wenn es um die Zubereitung von Speiseeis geht.

In Eisrezepten, die frische Ananas oder andere bromelainhaltige Früchte verwenden, kann Bromelain zu einem bitteren Geschmack führen. Dies geschieht, weil Bromelain in der Lage ist, bestimmte Proteine in der Eismasse abzubauen, wobei Peptide und Aminosäuren entstehen, die als Nebenprodukte einen bitteren Geschmack erzeugen können. Diese Bitterkeit ist besonders ausgeprägt, wenn frisches Obst in Rohform verwendet wird, da das Bromelain aktiv bleibt und während der Gefrierphase weiterarbeitet.

Wie Blanchieren helfen kann
Glücklicherweise gibt es eine Methode, um die unangenehmen Effekte von Bromelain zu vermeiden und trotzdem den frischen Geschmack von Früchten in dein Eis zu integrieren: das Blanchieren. Blanchieren ist ein einfacher Prozess, bei dem die Früchte kurzzeitig in heißes Wasser getaucht und dann sofort in Eiswasser abgeschreckt werden. Dieser Vorgang deaktiviert das Bromelain und verhindert, dass es die Proteine in der Eismasse abbaut, wodurch der bittere Geschmack vermieden wird.

So funktioniert das Blanchieren:

Vorbereitung: Schneide die Ananas oder andere betroffene Früchte in mundgerechte Stücke. Entferne dabei die Schale und, falls nötig, den inneren Kern.

Blanchieren: Bringe einen Topf mit Wasser zum Kochen. Sobald das Wasser kocht, gib die Fruchtstücke hinein und lasse sie für etwa 1 bis 2 Minuten im Wasser. Diese kurze Zeit reicht aus, um das Bromelain zu deaktivieren, ohne die Textur oder den Geschmack der Frucht wesentlich zu verändern.

Abschrecken: Nimm die Fruchtstücke nach dem Blanchieren sofort aus dem heißen Wasser und tauche sie in eine Schüssel mit Eiswasser. Dies stoppt den Kochprozess und sorgt dafür, dass die Früchte ihre Form und Frische behalten.

Weiterverarbeitung: Nach dem Blanchieren und Abschrecken können die Früchte wie gewohnt für die Herstellung von Speiseeis verwendet werden. Das Bromelain ist nun deaktiviert, und du kannst sicher sein, dass kein bitterer Geschmack entsteht.

Weitere Überlegungen: Temperatur und Verarbeitung Neben dem Blanchieren gibt es noch andere Möglichkeiten, die Wirkung von Bromelain zu kontrollieren. Erhitzen ist der Schlüssel, um Enzyme wie Bromelain zu deaktivieren, was bedeutet, dass auch andere Kochmethoden, die auf Wärme basieren, helfen können. Wenn du zum Beispiel die Früchte in einem Dessert verarbeitest, das leicht erhitzt wird, kannst du auf diese Weise ebenfalls das Bromelain inaktivieren.

Alternativ kannst du auch überlegen, bereits verarbeitete oder pasteurisierte Fruchtpürees zu verwenden. Diese Produkte wurden oft so verarbeitet, dass das Bromelain bereits deaktiviert ist, sodass du dir keine Sorgen über Bitterkeit machen musst.

Warum Blanchieren bevorzugt wird
Das Blanchieren ist jedoch die bevorzugte Methode, wenn du den reinen, frischen Geschmack der Frucht beibehalten möchtest, ohne die natürliche Struktur und die gesundheitlichen Vorteile zu verlieren. Im Gegensatz zu einer längeren Erhitzung, die Geschmack und Textur verändern kann, sorgt das schnelle Blanchieren dafür, dass die Frucht ihre Frische behält und trotzdem für die Eisherstellung geeignet ist.

Fazit
Bromelain ist ein wertvolles Enzym mit vielen nützlichen Eigenschaften, aber in der Speiseeiszubereitung kann es zu unerwünschten bitteren

Geschmacksnoten führen, insbesondere wenn es in frischem Obst wie Ananas enthalten ist. Durch das einfache Blanchieren der Früchte kannst du das Bromelain deaktivieren und somit die Bitterkeit verhindern, ohne auf den köstlichen Geschmack und die gesundheitlichen Vorteile der Früchte verzichten zu müssen. Diese Technik ermöglicht es dir, frische, fruchtige Aromen in dein Eis zu bringen, ohne Kompromisse beim Geschmack einzugehen. Also, wenn du das nächste Mal Eis mit Ananas, Papaya oder Kiwi zubereitest, denk an diesen kleinen, aber wichtigen Schritt – dein Gaumen wird es dir danken!

Was immer dir schmeckt.

Die Extras-Funktion bei der Ninja Creami: Vielseitige Möglichkeiten für kreative Eiskreationen

Die Ninja Creami ist ein beeindruckendes Gerät für die Herstellung von Eiscreme, Sorbets, Gelato und anderen gefrorenen Leckereien zu Hause. Eine ihrer einzigartigen Funktionen ist die „Extras"-Option, die es dir ermöglicht, deine Eiskreationen auf ein ganz neues Niveau zu heben. Doch wozu genau dient diese Funktion, und was kann man damit alles machen? In diesem Artikel erkläre ich dir, wie du die Extras-Funktion der Ninja Creami nutzen kannst, um kreative und vielseitige Desserts zu zaubern.

Was ist die Extras-Funktion?
Die Extras-Funktion der Ninja Creami ist speziell dafür entwickelt worden, um nachträglich zusätzliche Zutaten, sogenannte Mix-ins, in deine bereits gefrorenen Desserts einzuarbeiten. Diese Funktion ist darauf ausgelegt, diese Zutaten gleichmäßig in die Eismasse zu integrieren, ohne die bereits erreichte Textur und Konsistenz des Eises zu zerstören. Es ist der perfekte Abschluss für deine Eiskreationen und bietet dir die Möglichkeit, individuelle und personalisierte Desserts zu gestalten.

Wie funktioniert die Extras-Funktion?
Nachdem du deine Eismasse (sei es Eiscreme, Sorbet oder Gelato) mit der Ninja Creami verarbeitet hast und sie eine cremige Konsistenz erreicht hat, kannst du mit der Extras-Funktion weitere Zutaten hinzufügen. Dazu wird die Eismasse erneut in die Maschine eingesetzt, und die Extras-Funktion sorgt dafür, dass die Zutaten sanft und gleichmäßig untergemischt werden, ohne das Eis zu stark zu bearbeiten oder aufzuwärmen.

Die Maschine zerkleinert die hinzugefügten Zutaten vorsichtig und verteilt sie gleichmäßig in der gesamten Eismasse. Dies ermöglicht es dir, verschiedene Texturen und Geschmacksrichtungen in jedem Bissen zu genießen.

Was kann man mit der Extras-Funktion machen?
Die Möglichkeiten, die dir die Extras-Funktion bietet, sind nahezu unbegrenzt. Hier sind einige Ideen, wie du sie kreativ nutzen kannst:

Schokoladenstückchen und Keksstücke:

Füge Schokoladenstückchen, Keksstücke oder Brownie-Stücke hinzu, um dein Eis knusprig und reichhaltig zu machen. Die Extras-Funktion sorgt dafür, dass diese Zutaten gleichmäßig im Eis verteilt werden, sodass du in jedem Löffel ein Stückchen Schokolade oder Keks genießen kannst.
Nüsse und Samen:

Verwende gehackte Nüsse wie Mandeln, Walnüsse oder Haselnüsse, um deinem Eis eine nussige Note und zusätzliche Knusprigkeit zu verleihen. Auch Samen wie Chia oder Leinsamen können interessante Texturen hinzufügen.
Fruchtstücke:

Frische oder getrocknete Fruchtstücke wie Erdbeeren, Himbeeren, Mango oder Ananas können dem Eis eine fruchtige Frische verleihen. Getrocknete Früchte wie Rosinen, Cranberries oder Aprikosen bieten zudem eine zähe Konsistenz und einen intensiveren Geschmack.
Saucen und Swirls:

Karamell-, Schokoladen- oder Erdbeersauce können mit der Extras-Funktion als Swirls in das Eis eingearbeitet werden. Dadurch entstehen schöne visuelle Effekte und zusätzliche Geschmacksschichten, die das Dessert noch interessanter machen.
Krokant und Karamellstückchen:

Wenn du eine süße, knusprige Komponente hinzufügen möchtest, sind Krokantstücke, zerbröselter Toffee oder kleine Karamellstückchen ideal. Sie bleiben auch nach dem Einfrieren knackig und geben dem Eis ein köstliches, knackiges Element.
Zuckerstangen oder Pfefferminzstücke:

Für ein erfrischendes, winterliches Eis kannst du zerkleinerte Zuckerstangen oder Pfefferminzstücke hinzufügen. Diese Zutaten verleihen dem Eis nicht nur einen besonderen Geschmack, sondern auch eine interessante Textur.
Marshmallows und Schokoladenstückchen:

Mini-Marshmallows und Schokoladenstückchen können ebenfalls hervorragend mit der Extras-Funktion eingearbeitet werden. Diese Kombination ist besonders bei Kindern beliebt und sorgt für eine weiche, schmelzende Textur, die sich wunderbar mit der cremigen Basis verbindet.
Wann solltest du die Extras-Funktion verwenden?
Die Extras-Funktion ist besonders nützlich, wenn du deinem Eis eine persönliche Note geben möchtest. Hier sind einige Situationen, in denen du die Extras-

Funktion optimal einsetzen kannst:

Individuelle Anpassungen: Wenn du für mehrere
Personen Eis zubereitest und jeder unterschiedliche
Vorlieben hat, kannst du die Basiscreme herstellen
und dann verschiedene Extras für jeden Wunsch
einarbeiten.
Themen-Desserts: Verwende die Extras-Funktion, um
thematische Desserts zu kreieren, zum Beispiel mit
Kürbiskernstückchen und Gewürzen für ein herbst-
liches Eis oder mit bunten Streuseln für ein Geburts-
tags-Dessert.
Überraschungseffekte: Überrasche deine Gäste mit
einem Eis, das im Inneren verborgene Leckereien
enthält. Die Extras-Funktion hilft dir, diese Über-
raschung gleichmäßig zu verteilen und so in jedem
Löffel einen kleinen Genuss zu verstecken.
Fazit
Die Extras-Funktion der Ninja Creami ist ein unglaublich vielseitiges Werkzeug, das dir hilft, deine Eiskreationen zu individualisieren und aufzupeppen. Mit
dieser Funktion kannst du eine Vielzahl von Zutaten
gleichmäßig in dein Eis einarbeiten, ohne die bereits
perfekte Textur zu zerstören. Ob Schokolade, Nüsse,
Früchte oder Swirls – die Extras-Funktion bietet dir
unzählige Möglichkeiten, dein Eis zu personalisieren
und jedem Dessert eine besondere Note zu verleihen. Lass deiner Kreativität freien Lauf und entdecke,
wie viele einzigartige Eiskreationen du mit der Ninja
Creami zaubern kannst!

Salz gehört in (fast) jedes Eis.

Wenn du schon einmal ein Speiseeisrezept genau unter die Lupe genommen hast, ist dir vielleicht aufgefallen, dass oft eine kleine Prise Salz unter den Zutaten steht. Auf den ersten Blick mag das seltsam erscheinen – schließlich ist Salz doch eher etwas, das wir mit herzhaften Gerichten verbinden, oder? Doch in der Welt der Süßspeisen, insbesondere beim Eis, spielt Salz eine überraschend wichtige Rolle. Es ist viel mehr als nur ein Geschmacksverstärker; Salz hat vielfältige Funktionen, die das gesamte Eis-Erlebnis verbessern.

Salz als Geschmacksverstärker
Beginnen wir mit der offensichtlichsten Rolle des Salzes: Es verstärkt den Geschmack. In süßen Rezepten kann eine winzige Menge Salz die Süße intensivieren und die Aromen in den Vordergrund rücken. Es gibt den Zutaten Tiefe und lässt sie harmonischer miteinander wirken. Stell dir vor, du genießt ein reichhaltiges Schokoladeneis – ohne Salz könnte der Geschmack der Schokolade flach und einseitig wirken. Eine Prise Salz hingegen hebt die komplexen Noten der Schokolade hervor und balanciert die Süße perfekt aus. Das Ergebnis ist ein vollerer, runderer Geschmack, der nicht einfach nur süß, sondern reichhaltig und befriedigend ist.

Salz und die Wahrnehmung von Süße
Interessanterweise hat Salz auch die Fähigkeit, unsere Wahrnehmung von Süße zu verändern. Es klingt paradox, aber Salz kann tatsächlich dazu beitragen, dass Eis weniger süß schmeckt, obwohl der Zuckeranteil gleich bleibt. Dies ist besonders nützlich, wenn du ein Eis zubereiten möchtest, das nicht übermäßig süß, sondern eher ausgewogen schmeckt. Ein Hauch Salz kann die Süße mildern und so dafür sorgen, dass die anderen Aromen, wie Vanille, Früchte oder Schokolade, nicht von der Süße überdeckt werden, sondern besser zur Geltung kommen.

Die chemische Magie: Salz und die Textur
Salz hat aber nicht nur Einfluss auf den Geschmack – es kann auch die Textur des Eises positiv beeinflussen. Wie genau? Salz senkt den Gefrierpunkt von Wasser. Dies bedeutet, dass das Eis, in dem Salz enthalten ist, bei einer niedrigeren Temperatur gefriert und dadurch eine cremigere Konsistenz erhält. Dies ist besonders wichtig, wenn du Eis ohne Ei oder an-

dere Emulgatoren machst. Die Prise Salz hilft dabei, die Eiskristalle klein zu halten und so ein geschmeidiges Mundgefühl zu erzeugen. Du bekommst also ein cremiges Eis, das sich leicht schöpfen lässt und nicht zu hart wird, wenn es länger im Gefrierschrank aufbewahrt wird.

Salz und seine Rolle bei der Eislagerung
Ein weiterer Vorteil von Salz in Speiseeisrezepten ist seine Wirkung auf die Haltbarkeit und Lagerfähigkeit des Eises. Durch seine hygroskopischen Eigenschaften, das heißt, seine Fähigkeit, Feuchtigkeit aus der Umgebung zu ziehen, hilft Salz, die Feuchtigkeit im Eis besser zu kontrollieren. Das führt dazu, dass das Eis bei der Lagerung nicht so leicht austrocknet oder Eiskristalle an der Oberfläche bildet. So bleibt dein Eis länger frisch und behält seine cremige Konsistenz, auch wenn es einige Zeit im Gefrierfach verbracht hat.

Der Balanceakt: Wie viel Salz ist genug?
Natürlich ist bei der Verwendung von Salz in Speiseeisrezepten das richtige Maß entscheidend. Zu viel Salz kann das Eis ungenießbar machen, während zu wenig Salz seine positiven Effekte nicht zur Geltung bringt. In den meisten Rezepten reicht eine kleine Prise – etwa 1/8 bis 1/4 Teelöffel Salz für einen Liter Eismasse – aus, um die gewünschten Effekte zu erzielen, ohne den Geschmack zu dominieren. Es ist wichtig, das Salz gut in die Mischung einzuarbeiten, damit es gleichmäßig verteilt ist und seine Wirkung überall im Eis entfalten kann.

Experimentieren erlaubt!
Wenn du neugierig bist, kannst du auch mit verschiedenen Salzen experimentieren. Jedes Salz hat seine eigene Zusammensetzung und damit auch einen leicht unterschiedlichen Einfluss auf den Geschmack. Meersalz, Steinsalz oder sogar geräuchertes Salz können interessante Nuancen hinzufügen. Es ist jedoch ratsam, bei sehr feinen oder stark aromatisierten Salzen vorsichtig zu dosieren, um das Eis nicht zu überwältigen.

Fazit
Eine Prise Salz in deinem Speiseeisrezept mag klein erscheinen, aber ihre Wirkung ist groß. Von der Geschmacksverstärkung über die Verbesserung der Textur bis hin zur Erhöhung der Lagerfähigkeit – Salz ist ein vielseitiges Hilfsmittel, das du nicht unterschätzen solltest. Es hilft, das Beste aus den Zutaten herauszuholen und sorgt dafür, dass dein selbstgemachtes Eis nicht nur süß, sondern auch reichhaltig und vollmundig schmeckt. Also, beim nächsten Mal, wenn du Eis zubereitest, denk an diese kleine Prise Salz.

Muss ein Respin immer sein?

Der Respin bei der Ninja Creami: Was er tut und wann du ihn verwenden solltest

Die Ninja Creami ist ein beeindruckendes Küchengerät, das es ermöglicht, zu Hause cremige und köstliche Eiscremes, Sorbets, Smoothies und mehr herzustellen. Eines der besonderen Features dieses Geräts ist die „Respin"-Funktion, die bei der Herstellung von Eiscreme und anderen gefrorenen Leckereien eine wichtige Rolle spielen kann. Doch was genau macht der Respin, wann solltest du ihn einsetzen und wann ist er nicht notwendig? Lassen wir uns das näher betrachten.

Was macht die Respin-Funktion?
Der Respin-Modus der Ninja Creami ist eine Funktion, die speziell dafür entwickelt wurde, bereits bearbeitete Eismasse nochmals zu verarbeiten, um die Konsistenz zu verbessern und die Masse noch cremiger zu machen. Wenn du den Respin aktivierst, führt die Maschine eine erneute Bearbeitung der gefrorenen Eismasse durch, ähnlich wie bei der ersten Verarbeitung, allerdings mit dem Ziel, die Textur weiter zu verfeinern.

Im Wesentlichen hat der Respin-Modus zwei Hauptfunktionen:

Verbesserung der Konsistenz: Wenn das Eis nach der ersten Verarbeitung noch zu fest oder leicht kristallin ist, hilft der Respin dabei, es weicher und cremiger zu machen. Dies ist besonders nützlich, wenn die Masse nach dem ersten Durchgang zu hart ist, um direkt gegessen zu werden.

Integrieren von Mix-ins: Wenn du während des Verarbeitungsprozesses zusätzliche Zutaten (wie Schokostückchen, Nüsse oder Fruchtstücke) hinzugefügt hast, kann der Respin dafür sorgen, dass diese gleichmäßig in der Masse verteilt werden, ohne die Textur des Eises zu beeinträchtigen.

Wann solltest du die Respin-Funktion verwenden?
Es gibt mehrere Szenarien, in denen die Respin-Funktion nützlich ist:

Nach der ersten Verarbeitung ist das Eis zu fest: Manchmal kann es vorkommen, dass das Eis nach dem ersten Durchgang in der Ninja Creami noch zu hart ist, um es direkt zu genießen. Dies passiert oft, wenn die Eismasse besonders viel Wasser enthält oder wenn sie bei sehr niedrigen Temperaturen gelagert wurde. Ein Respin kann das Eis auflockern und die Textur verbessern, sodass es weicher und cremiger wird.

Die Eismasse ist nach dem ersten Durchlauf kristallin: Wenn du nach dem ersten Mixvorgang feststellst, dass dein Eis körnig oder kristallin ist, kann der Respin-Modus helfen, die Eiskristalle weiter zu zerkleinern und die Masse glatter zu machen. Dies ist besonders hilfreich, wenn du möchtest, dass das Eis eine gleichmäßigere Konsistenz hat.

Du hast Mix-ins hinzugefügt: Wenn du nach dem ersten Verarbeitungsdurchgang zusätzliche Zutaten wie Schokoladenstücke, Keksstücke oder Fruchtpüree hinzugefügt hast, sorgt der Respin dafür, dass diese Zutaten gleichmäßig in der Eismasse verteilt werden, ohne dass die ursprüngliche Konsistenz des Eises beeinträchtigt wird.

Wann ist der Respin nicht notwendig?
Es gibt auch Situationen, in denen die Respin-Funktion nicht unbedingt erforderlich ist:

Das Eis hat bereits die gewünschte Konsistenz: Wenn dein Eis nach dem ersten Mixvorgang bereits die gewünschte Cremigkeit und Textur hat, ist ein weiterer Respin nicht notwendig. In diesem Fall kannst du das Eis sofort genießen oder es zurück in den Gefrierschrank stellen.

Die Eismasse ist bereits perfekt verarbeitet: Wenn du bei der ersten Verarbeitung die optimale Konsistenz erreicht hast und keine Mix-ins hinzugefügt wurden, gibt es keinen Grund, die Eismasse nochmals zu verarbeiten. Ein zusätzlicher Respin könnte sogar die Textur verschlechtern, wenn das Eis dadurch überbearbeitet wird.

Du möchtest eine festere Konsistenz: Wenn du das Eis für bestimmte Rezepte fester benötigst, etwa zum Formen von Eisbällchen oder zum Verwenden in Desserts, bei denen eine festere Textur gewünscht ist, solltest du auf den Respin verzichten. Ein weiterer Respin könnte das Eis zu weich machen, um es wie gewünscht zu verarbeiten.

Fazit
Die Respin-Funktion der Ninja Creami ist ein leistungsstarkes Werkzeug, das dir hilft, die perfekte Konsistenz für dein selbstgemachtes Eis zu erreichen.

Index